추억 속 유머의 원작 최불암 시리즈

최불암 이야기 2

추억 속 유머의 원작 최불암 시리즈

최불암 이야기 2

초판 1쇄 인쇄 2021년 09월 10일
초판 1쇄 발행 2021년 09월 15일

지은이 편집부 편역
그 림 김호일
펴낸이 정문식
펴낸곳 도서출판 백암
신고번호 제313-2002-35호
주 소 서울시 마포구 신수동 219번지
전 화 02) 712-3733
팩 스 02) 706-9151
이메일 baekam3@hanmail.net

ISBN 978-89-7625-240-1

책값 : 13,000원

추억 속 유머의 원작 최불암 시리즈

최불암 이야기 2

편집부 편역

김호일 그림

도서출판 **백 암**

책을 펼치며

반전을 뛰어넘는 반전

사람들은 왜 웃는가.

즐겁기 때문에 웃는다.

그러면 무엇이 사람들을 즐겁게 하는가.

특히 '언어'를 통해 즐거움을 선사한다고 하는 것은 어떤 경우이겠는가. 사람들이 모이면 '재미있는 이야기'들이 오고가게 마련이다.

재미있는 이야기를 통해 딱딱한 분위기를 이완시키기도 하고, 서먹서먹한 사이를 더 친근하게 만들고자 한다.

이 '재미있는 이야기'가 더러는 정치적 풍자로, 혹은 부조리에 대한 날카로운 해학으로 발전하기도 하지만, 분명한 것은 생활 속의 소재를 바탕으로 했을 때에만 그 현실적인 상황설정으로 인해 즐거움이 배가 된다는 점이다.

때문에 어젯밤 TV에서 본 코메디 프로의 한 장면이나 자신의 일상 속에서 벌어진 '어떤 경우'가 더 큰 웃음을 자아내게 한다.

여기서 곰곰이 생각해보면 '웃음'에 대한 하나의 공통점을 발견할 수 있다. '즐겁다'는 생각은 예측불허의 상황이 연출되었을 경우 도출된다는 것이다.

즉, 나무에서 떨어지는 원숭이, 도루를 하다가 바지가 찢어진 야구선수, 자살골을 넣은 축구선수 등 정상적인 궤도에서 벗어난 일련의 경우들이 그것이다. 즉, '우스갯소리' 라고 하면 대부분 어떤 예상치 못한 대답이 기다리고 있으며, 그 대답이 일반적인 상식을 뛰어넘기 때문에 듣는 이들은 카타르시스와 함께 즐거움을 얻는 것이다.

그러나 이러한 상황이 계속되다 보니 이제는 듣는 이들이 '다음엔 어떤 말이 나올까?' 하는 기대심리 속에 미리 예측을 하게 되며 웬만한 반전이 없이는 웃음을 불러일으킬 수가 없게 되었다. 오히려 무안을 당하고나 말까?

이때 '최불암 시리즈' 라는 새로운 시리즈물이 탄생하게 되었다. 즉, 고도의 넌 센스식 기대심리에 숙달된 우리들의 사고방식을 뛰어넘는 새로운 '우스갯소리' 가 필요했다는 점이 '최불암식 이야기' 의 탄생의 배경이다. 특정인물이 갖는 이미지를 이용하여 심한 반전이 있을 것이라 예상하지만, 오히려 지극히 정상적인 대답을 함으로써 듣는 이들의 기대심리를 철저히 짓밟아 버리는 새로운 방식이 그것이다.

흔히 이를 가리켜 '정치적 허무주의' '포스트모더니즘의 반영' 이라고 말하지만 그것은 지나친 비약이다. 단지 반전의 반전이라는 새로운 방식일 뿐이며 한 시기를 장식할 유행일 뿐이다.

여기에 소개하는 이른바 '최불암 이야기' 는 이러한 시류에 부응하여 폭발적으로 유행했던 '최불암식 이야기를' 모아놓은 것이다.

정통적인 초기 이야기는 30여 편에 이르며, 나머지는 다시 발전을 거듭하여 지금까지 인기를 끌고 있는 것들이다..

여기서 잠깐 최불암 이야기의 변천사를 살펴보면, 초기에는 허무한 결론이 가져다주는 '황당한 이야기' 가 주류를 이루었다. 즉 반전을 기대하는 청자(聽者)의 심리를 역이용하여 정상적인 대답을 하는 것이 '최불암식 이야기'였다는 것이다. 그러나 인기가 있는 곳에 아류가 있는법, 비슷비슷한 이야기들이 사람들 사이에 떠돌게 되었으며 이제는 "최불암이 등장하지 않고는 우스갯소리가 성립되지 않는다."는 상황이 된 듯하였다.

이렇게 한 시대를 풍미하며 하나의 유행을 이루는 우스갯소리를 집대성한다는 깃은 각별한 의미를 갖는다. 그것은 오늘의 세태와 현대인의 사고방식을 이해하는 데 중요한 자료가 될 수 있기 때문이다. 그리고 이러한 책을 통해 꽉 짜여 진 일상에서 허덕이는 현대인들이 생활의 즐거움, 삶의 여유를 찾을 수 있기 때문이기도 하다.

끝으로 이 책의 재편집을 위해 수고를 해주신 편집부 여러분들께 감사의 마음을 전하며 본의 아니게 구설수에 오르신 최불암 씨와 그밖에 연예인들께 양해를 구한다. 이것이 스타만이 갖는 특권, 바로 유명세이겠지만…….

차례

기네스북에 오르겠네

최불암이 몰고 가던 경비행기가 사하라 사막에서 추락했다. 다행히 목숨은 구했지만 무전기가 고장 나 구조요청도 할 수 없었다.

모험심이 강한 최불암은 힘들겠지만 사람이 사는 곳까지 걸어서 가기로 마음먹었다.

이글거리는 태양, 끝없이 펼쳐진 모래사막을 걷던 최불암은 너무 더워 팬티만 남긴 채 입고 있던 옷을 다 벗어던졌다.

얼마쯤 걸었을까?

갑자기 모래먼지가 일더니 낙타를 탄 아랍인이 나타났다. 손을 흔들며 아랍인 쪽으로 달려간 최불암, 순간 팬티만 걸친 것을 깨닫고 무안해서 능청을 떨었다.

"난 지금 수영하러 가는 길입니다."

아랍인은 놀란 듯 말했다.

“수영이라구요? 여기서 바다까지는 3천리나 되는데요?
최불암은 함박웃음을 지으면서 대꾸했다.
“3천리나 된 다구요? 와아 정말 대단한 백사장이군.”

독수리 5형제 I

개구쟁이 스머프를 보고 있던 최불암이 금동이 에게 말을 걸었다.

최불암 : 금동아, 재들은 쪼그만 애들이 지구도 못 지키면서 왜들 이리 소란이냐? 독수리 5형제를 할 때는 지구가 얼마나 평화스러웠냐?

금동이 : 그럼 아버지가 독수리 5형제 하면 될 거 아니 예요?

그말을 들은 최불암은 시무룩해져서 옥상으로 발길을 옮겨, 팔짱을 끼고 시름에 잠겨 먼 하늘을 바라보며 한마디 읊조렸다.

최불암 : 남 박사님이 그걸 허락해 주실까?

독수리 5형제 Ⅱ

대구의 개구리 소년 다섯을 최불암이 데리고 있다는 소문을 들은 경찰은 그를 잡아들여 소문의 진상을 파헤치게 되었다.

경　찰 : 그래, 그 소년들을 데리고 있는 이유가 뭐냐?

최불암 : 특수 훈련시켜서요. 독수리 5형제 만들면 하나뿐인 지구를 지킬 수 있을 것 같아서요. 제가 그것 밖에 더 할 일이 뭐 있겠습니까?
허허허허.

독수리 5형제 Ⅲ

그래서 개구리 소년들과 헤어지게 된 최불암에게 경찰이 마지막 면회를 허락하였다. 지구의 평화가 걱정된 최불암은 한참 눈물을 글썽이다가 손목시계를 하나씩 아이들에게 나누어 주며 말했다.

"모두들 출동신호는 기억하고 있겠지."

독수리 5형제 Ⅳ

최불암 씨의 자식은 금동이까지 4명이다.(전원일기를 잘 보시면 알 수 있습니다.) 그런데 마누라와 두문불출하더니 그로부터 10개월 후 50이 넘어서 산부인과 분만실에서 서성거리고 있었다. 그의 부인 김혜자가 아이를 낳게 된 것이다.

초조하게 기다리던 최불암 씨에게 드디어 간호사가 순산했음을 알려왔다.

아들이냐 딸이냐 도 묻지 않고 그는 담배를 한 대 물고 병원 뒷산으로 올라갔다. 그리고 흐르는 눈물을 보이지 않으려는 듯 먼 산을 바라보며 말했다.

"이제야 내 자식들이 지구의 평화를 지킬 수 있게 되었구나?

독수리 5형제 V

최불암이 금동이와 함께 텔레비전을 보고 있었다. 최불암은 금동이 에게 '독수리 5형제'를 할 시간이라며 채널을 돌리려 하자 금동이가 이미 끝났다고 했다.

그러자 최불암은 그럼 지구의 평화는 누가 지키느냐고 시름에 겨워하며 하는 수 없이 개구쟁이 스머프를 보고 있었다.

어느새 시간은 흘러 개구쟁이 스머프가 끝나고 저녁뉴스를 알리는 시그널이 흘러 나왔다. 그러자 최불암이 금동이를 보며 말했다.

"금동아! 뉴스에서 지구방위대 명단을 발표하겠지?"

노사화합

연탄공장을 차린 최불암은 한 가지 문제가 있었다. 농사짓던 사람이 사장노릇 한다고 직원들이 사장 말을 제대로 안 듣는 것이다.

고민 끝에 경영학 세미나에 참석한 최불암은 구원의 빛을 발견했다. 직원들을 하나의 목표 아래 똘똘 뭉치게 하면 기대이상의 효과가 나타난다는 이야기를 들은 것이다.

회사로 돌아온 최불암은 "생각나면 실천하자" 라는 표어를 회사 곳곳에 써 붙였다.

다음 날. 뜻밖의 결과 앞에 최불암은 할 말을 잃었다.

경리과 직원은 금고를 털어 줄행랑을 치고, 여비서는 외아들을 꼬셔 도망가고, 다른 직원들은 연탄을 깨 편싸움을 하고 있는 게 아닌가!

어쨌든 효과만점의 표어였다.

무임승차

최불암이 무임승차를 하게 되었다. 서울구경을 왔다가 돈이 떨어져 양촌리로 돌아갈 차비가 없었기 때문이다.

1시간 뒤 승무원이 차표 검사를 하기 시작하자 겁이 난 최불암은 큰 자루를 챙겨들고 다른 칸으로 빠져나가다 승무원에게 들키고 말았다.

승무원 : 차표를 보여주십시오.

최불암 : (당황하며) 저…… 안 샀는디유.

승무원 : 뭐라고요? (기가 막힌 듯 옆에 있는 자루를 가리키며)
이것도 당신 꺼요?

최불암 : (잔뜩 긴장하면서) 예. 그래유.

화가 난 승무원이 "무임승차에 자루까지 들고 타면 어떻게 하느냐?"고 버럭 소리를 지르면서 자루를 기차 밖으로 내던졌다.

그러자 최불암이 놀라서 소리쳤다.

"금동아!"

빨 강!

몇 차례나 빨간색 신호를 무시해서 경고를 받은 바 있음에도 불구하고 불암씨는 아직도 일주일이면 서너 차례는 꼭 빨간 불일 때 후다닥 뛰어 건너갔다가 또 다시 빨간 불일 때 건너오는 것이었다.

결국 짜증이 난 경찰이 불암씨에게 말했다.
"아니 왜 자꾸 이러시는 겁니까. 명망 있는 분이."
그러자 불암 왈
"야 너도 해봐, 스릴 그 자체여 자체. 스트레스가 쫙 풀린다니께."

미국에서 I

미국여행을 간 최불암이 시내구경을 신나게 하고 호텔로 돌아가는 길에 지하철을 탔다.

마침 퇴근시간이어서 지하철은 몹시 혼잡했다. 최불암이 혹시 내리는 사람 없나 눈치를 살피는데, 누가 발을 밟은 것이 아닌가. 어찌나 아프던지 눈물이 찔끔 나왔다.

화가 나서 돌아보니 덩치가 큰 흑인이었다. 그 흑인은 너무너무 미안해 하며 "I am sorry"라고 사과 했다.

그러자 최불암이 흑인을 노려보며 말했다.

"니가 쏘리면 다냐"

미국에서 Ⅱ

숱한 노력 끝에 영어에 통달한 최불암과 김혜자는 환갑기념으로 미국에 가기로 했다. 그런데 비행기 안에서 공짜라고 마구 먹었던 것들이 배 속에서 요동을 치는 바람에 두 노인이 미국에 도착 하자마자 처음간 곳은 화장실이었다.

김혜자가 깨끗한 양변기에 앉아 일을 보고 있는데 기다리던 최불암이 문을 두드렸다. 이때 튀어나오는 유창한 영어.

"Who 꼬?"

그러자 역시 유창하고 장중한 최불암의 답변이 들려왔다.

"Me랑께."

미국에서 Ⅲ

느즈막하게 일어난 최불암은 침대에서 굴러 떨어진 김혜자에게 유창한 영어로 아침인사를 했다.

"굿 모닝?"

김혜자는 화가 났다.

"금동이 아빠. '국뭐니?' 라니, 미국까지 와서 나보고 국을 끓여내란 말이에요? 너무하지 않아요!"

미국에서 Ⅳ

켄터키를 싸돌아다니던 최불암 김혜자가 배가 고파 식당에 들어갔다.

웨이터 : May I help you? (무엇을 도와드릴까요?)

이제 상당 기간의 미국여행을 통해 눈치가 빨라진 최불암이 무엇을 시키라는 얘기겠지 하고 알아차리고 대답했다.

최불암 : 도나쓰!

웨이터 : Pardon me? (뭐라고요?)

최불암 : 도나쓰! 도오나아쓰!

웨이터도 노련한 사람이었다. 그 발음을 듣고도 알아차리고 도너츠를 가져다주었다.

최불암 : 어때? 내 영어 실력.

김혜자 : 난 도나쓰 싫은데……

최불암 : 그럼 너 음식이름 영어로 아는 것 있어? 있냐구?

최불암은 기분이 나빠져서 따졌다.

김혜자 : 있잖아요, 햄버~거.

과연 그랬다. 그걸 시킬걸.

최불암 : 알았어. 다음번엔 햄버~거 시킬께.

다시 저녁 먹을 시간이 됐다. 그래서 가까운 식당에 들어간 두 사람.

웨이터 : May I help you? (무엇을 도와드릴까요?)

최불암 : 햄버~거.

발음을 살짝 굴려줘서인지, 웨이터가 노련해서 인지 요번엔 단번에 알아들었다.

웨이터 : Yes, Hamburgers (예, 햄버거요)

In Ketchup? Or not in? (케첩을 넣어드릴까요? 넣지 말까요?)

최불암 : 햄버~거.

웨이터 : In Ketchup? Or not in?

최불암 : 해엠버~그.

이번엔 막무가내인 최불암에게 웨이터도 짜증이 났다.

웨이터 : Oh, no! In Ketchup? Or not in?

그러자 갑자기 기가죽은 최불암은 목을 움츠리고 말했다.

"도나쓰"

미국에서 V

'청소년 문화기행'의 진행자 최불암이 미국에 갔다. 특집으로 미국 청소년의 크리스마스를 촬영하기로 했기 때문이다.

최불암은 꼬부랑글씨만 봐도 현기증이 나는 체질이라 처음엔 거절했지만, 출연료를 2배나 주겠다는 PD의 유혹에 그냥 하기로 했다.

밤새 대본대로 질문 내용을 외운 최불암은 미리 약속된 어느 가정을 방문했다.

"똑똑" 문을 두드리자 집주인인 듯한 대머리 아저씨가 나왔다.

최불암은 연습한 대로 "How do you do?"하고 인사를 했다.

그러자 대머리 아저씨가 입이 찢어지게 웃으며 "메리 크리스마스"하고 말했다.

최불암 그 정도는 알아듣는다는 듯
“난 메리가 아니라 불암이여.”

미국에서 돌아와서

어쨌거나 몸성히 돌아온 최불암 씨는 겉멋이 들어 타임지를 들고 MBC로 오랜만에 출근을 했다. 그러자 놀라는 사람이 당연히 많았다.

"와~ 미국에 한번 다녀오시더니 그런 책을 읽으세요?"

"아 그거야 타이어의 기본 아닙니까?"

엉뚱한 대답에 아직 철모르는 채시라가 나서서 물었다.

"그런데, 그 책 이름이 뭐죠?"

최불암은 그 질문에 가슴이 철렁 내려앉을 수밖에.

"야, 내가 그거도 모를 것 같냐! 선배를 우습게 알아. '티메'아냐."

이제 탄로 난 최불암의 영어 실력. 군중들의 인내에도 한계가 있는 게 아닌가?

"우우- 야아- 쿵쿵-"

최불암은 순식간에 분노한 군중에게 깔려버렸다.
그래도 최불암은 신음하며 소리쳤다.
"으~쏘스(SOS) 쏘스(SOS)!"

미확인 보도

"웅진 남성"지에 보도된 미확인 보도.

독일의 세계적 작곡가이며 평생 독신으로 살아왔다고 알려졌던 브라암스가 사실 아들을 낳았었고 그 후손이 바로 한국에 살고 있다는 것.

그 이름– 불암쓰!

사 냥

어느 날 방송국에서 불암 선생과 우연히 마주친 노주현은 그냥 지나가는 말로 한번 놀러오라고 했다.

며칠 뒤. 눈치 없는 불암 선생은 노주현 집을 방문했다. 노주현은 아니꼬 왔지만 웃는 얼굴로 반겼다. 1시간 2시간…… 최불암이 돌아갈 생각이 없자 귀찮아진 노주현은 "사냥 좋아하세요?"하고 물었다. 불암 선생이 "한 번도 해 본적이 없다"고 하자 노주현은 사냥총과 친자식처럼 기르는 세퍼트 4마리를 주며 사냥을 다녀오라고 했다.

한참 뒤 뿌듯한 표정을 지으며 최불암이 돌아왔다. 노주현이 "괜찮았습니까?"라고 물었다. 엄지손가락을 치켜들며 최불암이 말했다.

"좋은데, 개 몇 마리 더 없나? 또 사냥가게."

사랑해요 밀키스

최불암은 옥소리가 후배 탤런트인 변우민의 볼에 "사랑해요 밀키스"하며 입 맞추는 광고를 보고 자신이 그 모델이 되고픈 생각에 사로 잡혔다. 그래서 다음에 찍는 광고는 변우민 대신 자신이 남자배역을 하기로 계획을 세웠다. 그리고 변우민을 납치하여 자신의 집 지하실에 가두어 버리고는, 성형수술을 하여 변우민과 똑같이 얼굴을 바꾸고 촬영에 임했다.

추적자들을 아슬아슬하게 피하고 보트에 옮겨탄 최불암과 옥소리.

옥소리는 변함없이 최불암의 볼에 "사랑해요 밀키스"를 외치며 입맞춤을 했다. 황홀했던 순간도 잠깐.

"불암아, 나 혜자야."

수업시간에 Ⅰ

국사시간. 꾸벅꾸벅 졸고 있는 금동이에게 선생님은 질문을 던졌다.

선생님 : 안중근 의사를 죽인 사람이 누구지?

금동이 : 제…… 제가 안 죽였는데요.

기가막힌 선생님은 다음날 최불암에게 전날의 있었던 일을 이야기했다.

선생님 : 아드님, 정말 곤란합니다.

최불암 : 선생님, 제가 아는데 제 아이는 공부는 못하지만 정말이지 사람 죽일 줄 모르는 애입이다. 절대 그런 애가 아닌 데요.

면담을 마치고 금동이와 집으로 돌아오는 길에 최불암이 물었다.

최불암 : 야! 정말 네가 죽였냐!

수업시간에 Ⅱ

과학시간에 교육청에서 장학사가 수업을 참관하기 위해 학교에 왔다.

장학사는 지구본을 가리키며 앞줄에 앉아 있던 최불암에게 물었다.

장학사 : 이 지구본이 왜 기울어졌죠?

최불암 : (겁에 질린 목소리로)

제가 안 만졌는데요.

어이없는 대답에 장학사는 담임선생에게 질문을 던졌다.

장학사 : 이 지구본이 왜 기울어져 있는지 선생님은 알겠죠?

선생님 : (자신 있는 목소리로)

사올 때부터 그랬습니다.

화가 난 장학사는 교장실로 뛰어 들어갔다.

장학사 : 교장선생님, 지구본이 왜 기울어져 있냐고 물어보니 그걸 대답이라고 하고들 있는 겁니까?

교　장 : (태연하게)

아 그게 말이죠, 국산이 다 그렇죠. 이해하세요.

책 주인

최불암이 교생실습 나갔을 때 일이다.

수학 수업을 마치고 교무실로 돌아오던 최불암이 정석수학책을 한 권 주었다. '칠칠치 못한 녀석 같으니.' 학교 방송국으로 달려간 최불암은 안내방송을 했다.

"복도에서 정석수학책을 주웠으니 잃어버린 사람은 찾아가시오."

1시간을 기다려도 아무도 나타나지 않았다. '교생이라고 무시하는 거야 뭐야' 화가 머리끝까지 뻗친 최불암은 다시 방송국으로 달려갔다.

"야 홍성대. 너 빨리 와서 책 안 가져갈래!"

※ 홍성대는 정석수학책 저자임.

2층 버스

서울 시청과 과천 사이에 한때는 2층 버스가 다녔었다. 그런데 요즘은 그게 사라졌다. 왜냐면 최불암 선생이 2층 버스 운행을 결사적으로 반대했기 때문이다.

다음은 당시 최불암 선생이 혈서로 작성한 반대 이유이다.

나 최불암은 전원일기의 명예를 걸고 국가의 백년지대계를 위해 2층 버스의 폐지를 주장한다.

이는 어제 2층 버스를 시승했던 경험에 의거한 것이다.

난 2층으로 올라갔었다. 2층엔 운전기사가 없었다. 너무 위험하지 않은가 !!

국민을 위험에 빠뜨리는 2층 버스 즉각 자폭하라!!

참을성

세종문화회관에서 피아노 연주회가 열렸다. 음악 애호가인 최불암은 특석표를 사서 연주회에 갔다.

공연시간은 저녁 6시에서 다음날 아침 8시.

이번 공연은 피아니스트 4명이 차례로 14시간을 계속해서 하는 색다른 연주회였다.

연주회장은 관객들로 가득 찼다. 그러나 첫 번째 피아니스트의 연주가 끝나자 관객이 반으로 줄었다. 아이들을 데리고 온 관객이 집으로 간 것이다.

두 번째 피아니스트의 연주가 끝나자 또 반으로 줄었다. 너무 지루하고 배가 고파 관객들이 식당으로 빠져나갔던 것.

다음 날 아침 8시가 되자 단 3명이 남았다.

드디어 연주회가 끝나고 4명의 피아니스트가 무대 인사를 했다.
이때 이를 악물고 끝까지 남은 최불암이 하는 말.
"앵콜"

장래희망 I

눈보라가 치는 겨울밤. 화롯가에 앉아 이를 잡던 할머니가 손자 불암이한테 물었다.

할머니 : 불암아, 너는 이다음에 커서 무엇이 될래?

최불암 : 용감한 군인이요.

할머니 : 군인? 좋지. 그런데 군인은 싸워야하고 그러다 보면 죽을 수도 있는데.

최불암 : (겁을 잔뜩 집어먹고) 누구한테 죽는데요?

할머니 : 그야 적군한테 죽지.

최불암 : (심사숙고 끝에) 그럼 적군이 되죠 뭐.

장래희망 Ⅱ

최불암과 노사연의 고등학교 때의 일이다. 남녀공학으로 한 반이었던 이들은 토요일 오후에 장래에 무엇이 될까에 대한 이야기를 나누고 있었다.

최불암 : 난 화가가 될까? 시인이 될까?

노사연 : 화가가 되는 게 낫겠어.

최불암 : 내가 그린 그림 본 적 없잖아.

노사연 : 그건 그래. 하지만 네가 쓴 시는 봤거든.

주여! 제발……

어렸을 때부터 열심히 교회에 다닌 최불암은 착실한 학생으로 소문이 나 있었다. 아침저녁으로 부모님께 문안인사를 드렸고 공부도 아주 열심히 하였다.

하루는 저녁을 먹고 문안인사를 드리려 안방 문을 열었는데 아버지가 '플레이보이' 잡지를 보고 계신 것이 아닌가?

어린 최불암은 너무 충격을 받았다. 그래서 그 주의 일요일에 교회에 가 눈물을 흘리며 기도를 드렸다.

최불암 : 주님! 아버지가 보시던 잡지의 누나들에게 제발 옷을 한 벌씩 해주세요. 이 겨울에 얼마나 춥겠어요?
저의 기도를 꼭 들어주세요.

정신병원 I

퇴근길에 최진실은 정신병원 앞을 지나가게 되었다. 인형을 가지고 무심결에 창밖을 내다보던 최불암은 너무나 아리따운 아가씨가 지나가는 것을 보고 밖으로 뛰쳐나왔다. 최진실이 보니 최불암은 발가벗은 모습이었다.

최진실이 너무 놀라 비명을 지르며 있는 힘껏 도망을 쳤다. 숲속에까지 도망쳐 왔지만 도와주는 사람이 아무도 없었다. 이제는 소용이 없다고 생각한 최진실은 무릎을 꿇고 절규했다.

최진실 : 제발, 당신이 하라는대로 할테니 목숨만은, 목숨만은…… 흑흑흑.

최불암 : 그래, 정말이지! 그럼 말이야. 이번엔 당신이 날 쫓아와 봐. 이거 정말 재미있는데 헤헤헤.

정신병원 Ⅱ

정신병원에 입원한 최불암은 연필깎이를 가지고 인형이라며 즐겁게 놀고 있었다.

재우기도 하고, 업어주기도 하고, 때리기도 하면서 하루 종일을 보냈다.

이 광경을 지켜보던 의사는 최불암에게 다가가 비위를 맞추었다.

의 사 : 그 아기 참 예쁘네요. 몇 살이지요? 이름은 뭡니까?

그러자 최불암은 화를 벌컥 내며 의사에게 대들었다.

최불암 : 의사양반, 당신 미쳤군요. 연필깎이보고 아기라고 하질 않나, 나이는 몇이고 이름은 뭐냐고요?

의사는 진료가 잘 되어가는구나 싶어 겸연쩍어하며 자기가 실수를 했다고 미안하다는 말을 하며 돌아 나오고 말았다.

그러자 최불암은 연필깎이를 더욱 꼭 껴안으며 말했다.

최불암 : 아가야, 널 탐내는 사람이 얼마나 많은 줄 아니? 그래두 이 엄마가 널 연필깎이라고 속여 지켜주마. 아이구 예뻐라.

정신병원 Ⅲ

하는 수 없이 최불암의 뒤를 쫓던 최진실은 죽을 힘을 다해 옆길로 도망을 쳤다.

병원에서는 긴급히 연락을 취해 발가벗은 최불암을 잡기에 심혈을 기울였다.

결국 병원으로 돌아온 그는 착실히 치료를 받았고 세월은 어느덧 10년이 흘렀다. 그런데 치료기간 중에 자신을 항상 쥐새끼라고 망상하는 버릇이 있었는데 드디어 오늘이 그 기다리던 퇴원하는 날이었다.

그가 병원 출구로 가다말고 딱 버틴 채 움직이질 않자 의사들은 걱정에 휩싸일 수밖에 없었다.

의　사 : 병이 다 나아서 댁으로 가시니 얼마나 좋으십니까?
　　　　헌데 왜 발길을 멈추고 계시나요?

최불암 : 저도 기쁩니다. 그런데 저기에 고양이가 있어요.

의　사 : 최불암 씨, 당신은 쥐가 아니라는 것을 깨닫지 않았습니까? 걱정하실 필요 없습니다.

최불암 : 아니에요. 저는 알지만 저 고양이는 그 사실을 모를지도 모르죠? 안 그래요?

정신병원 Ⅳ

의료진의 피나는 노력 끝에 최불암의 증세가 상당히 호전되었다. 그래서 최불암은 그전에 아무렇지 않게 보이던 동료 환자들이 이상하게 생각되기 시작했다.

어느 날 오후 점심때도 그러했다. 한 사람이 한쪽에 빵을 잔뜩 쌓아놓고 빵을 식초에 찍었다가 버리고 또 찍었다. 버리고 있는 것이 아닌가? 배가 고프다고 투덜거리면서 말이다. 밥을 먹던 최불암은 이상했다.

최 불 암 : 아니 왜 빵을 먹지 않고 자구 식초에 찍어 버리는 겁니까?

동료환자 : 미친 놈! 넌 나보고 식초 묻은 빵을 먹으라는 거냐? 네가 먹어봐 짜샤!

정신병원 V

드디어 최불암 아저씨가 퇴원을 하여 방송에 컴백하게 되었다. 성공적인 컴백을 이루고는 스스로 감개무량해진 아저씨는 정신병원으로 놀러갔다.

오늘도 그 벤치에서 한때 정답게 지냈던 동료 환자가 두터운 책을 보고 있었다.

최불암 : 뭘 그리 읽나?

동료환자 : 이 책은 등장인물ㅇ은 많은데 줄거리가 없어.

그 말에 최불암도 유심히 내용을 훑어보았다. 그리고 질세라 한마디 했다.

최불암 : 정말 그렇군. 그저 나열식이야. 산만하기 그지없군 그래.

그때 현관에서 간호사의 소리가 들려왔다.

"여기 있던 전화부 책 보신 분 없으세요?"

정신병원 Ⅵ

"쳇, 그놈의 재미도 없는 책을 좀 비평했기로서니 다시 잡아넣다니. 도대체 언론의 자유도 없단 말야?"

앞서의 필화 사건(?)으로 다시 정신병원에 오게 된 최불암은 그가 있는 병원에서 정신과 의사들의 연구세미나가 열리는 날에도 불쾌한 기분이었다.

담당의사 : 정말 우리 의사들은 이 세상에 많은 적을 가지고 있습니다. 예컨대 여기있는 최불암 씨를 데려올 때도 엄청난 반대에 부딪혀야만 했던 것입니다.

그러자 최불암이 더 참지 못하고 한마디 했다.

"아마 저 세상에는 훨씬 많을걸?"

골키퍼 최불암

이미 몇 번이나 불이 난 바 있는 63빌딩에서 또 불이 났다. 이때 아이를 안고 있던 아줌마가 아이라도 구해야겠다는 생각으로 아래를 내려다보니 최불암이 지나가고 있었다.

아줌마 : 불암씨, 애를 던질테니까 받아주세요. 지난번같이 펀칭 하면 안돼요!

최불암 : 이번엔 확실히 받겠습니다. 던져요.

그래서 아주머니는 애를 63빌딩 옥상에서 던졌다. 그러나 그 아주머니는 또다시 기절하고 말았다.

최불암이 애를 원 바운드로 받았기 때문이다.

거 래

"산 넘고 물 건너 바다 건너서 쎠쎠쎠"

즐거운 마음으로 바다 여행에 나선 최불암. 그러나 이게 웬일, 배가 폭풍우를 만나 최불암을 제외한 모두가 바다에 잠겨 목숨을 잃고 말았다.

허술한 댓목에 물도 없이 간신히 목숨만 건진 최불암은 앞길이 막막하기만 했다.

"하느님 저를 살려주세요. 그럼 제가 이제까지 벌어놓은 재산 5분의 1을 드리겠습니다."

하지만 아무런 반응은 없고 배가 고파지기 시작하자 최불암은 다시 기도를 시작했다.

"하느님 3분의 1을 바치겠습니다. 절 구해주십시오."

그렇지만 여전히 하늘의 징조 같은 것은 보이지 않았다.

"에이, 하느님, 절 구해주시면 전 재산의 절반을 내놓겠습니다."

역시 조용. 그래서

“하느님, 제 전 재산을……”하고 기도하려는 데 멀리서 구조선이 보이는 게 아닌가.

“하느님, 이제까지의 거래는 없었던 걸로 합시다. 으허허허.”

당기시요

롯데호텔 정 문 앞에서 최불암이 한 시간 동안이나 낑낑대고 있었다. 도어맨이 "도와 드릴까요"하고 말을 해도 최불암은 정중하게 거절할 뿐이었다. 또다시 문 앞에서 안절부절 하는 최불암.

그 모습을 계속해서 지켜본 도어맨은 최불암이 무엇 때문에 그러는지 궁금해서 견딜 수가 없었다.

"무엇을 하고 계시는 겁니까?"

체념한 듯 최불암이 말했다.

"도대체 왜 문이 안 열리는 거야!

도어맨 어이없다는 듯

"이 문은 미는 게 아니라 당겨야 열립니다.

국물 맛이 괜찮은데 I

지리산 청학동에서 갓 상경한 최불암이 난생 처음 레스토랑에 들어갔다. 메뉴판을 훑어본 최불암, 순간 긴장한다. 무엇을 시켜야 할지 막막 했기 때문이다. 촌뜨기 취급을 받기 싫은 최불암은 옆 테이블에서 주문한 것을 똑 같이 시킨 다음 최대한 우아하게 식사를 했다.

묽은 죽(스프) 대접 채 들고 훌쩍훌쩍 마시기. 냅킨 머리에 둘러쓰기. 스테이크 통째로 들고 먹기 등 정말정말 진짜진짜 격식을 차린 것이다.

마지막으로 커피가 나오자 냉수마시듯 한꺼번에 쭉 들이킨 최불암은 당당하게 말했다.

"아가씨, 여기 국물 좀 더 주세요."

국물 맛이 괜찮은데 Ⅱ

고속버스를 탄 최불암은 속이 뒤집힐 것 같았다. 돈 몇 푼 아낄려고 키미테를 안 샀더니 아니나 다를 까 차멀미가 났다.

안내원에게 비닐봉지를 달라고 했더니, 마침 다 떨어졌다며 라면봉지를 줬다.

자리로 돌아온 최불암은 라면봉지를 쳐다보며 한숨을 내쉬었다.

"아무래도 넘칠 것 같은데."

생각 끝에 최불암은 중대 결단을 내렸다. 이를 악물고 국물은 토하고 건더기는 걸러내기로 한 것이다.

"덜커덩, 덜커덩"

비포장도로를 달리자 뱃속에 있던 오만가지 음식물이 올라왔다. 실천가 최불암은 계획대로 이를 악 물었다.

"우~우~웩"

라면봉지 가득 국물이 모였다. 문제는 입안에 모인 건더기의 처리였다.

영양가 높은 건더기를 버리는 것은 '음식물을 낭비하는 반애국적 행위'라 생각한 최불암은 도로 삼키기로 했다.

“꿀꺽, 꿀꺽”

그런데 많은 양을 한꺼번에 삼키다 그만 목이 막혔다. 그것도 숨도 못 쉴 정도로 꽉 막혔다.

최불암은 다시 한 번 중대 결단을 내리고 봉지에 든 국물을 “쭈우욱” 마셨다.

꽉 막힌 목이 ‘확’ 트이자 최불암이 하는 말

“국물 맛이 괜찮은데.”

남의 얘기는 왜?

공짜 영화표가 생긴 최불암은 영화관을 찾았다.

영화가 시작되어 한참 지켜보고 있는데 뒤에 앉은 청춘남녀가 자꾸 뭐라고 소곤거렸다.

참다못한 최불암은 그들을 향해 한마디를 하지 않을 수 없었다.

최불암 : 이봐, 젊은이! 당신네가 속닥거리는 바람에 말이 잘 안 들려.

그러자 청춘남녀 중의 하나가 툴툴거리며 말을 받았다.

청춘남녀 : 어머 저 아저씨 웃긴다. 젊잖게 생긴 사람이 왜 남의 얘기를 엿들으려고 그러니? 별꼴이다 그지?

눈 감으면 코 베는 세상

소매치기가 된 최불암이 동료 유인촌과 함께 명동으로 가 일을 하기로 했다.

유인촌이 먹이를 찾기 위해 눈동자를 예리하게 돌리고 있는데 최불암은 5분이 멀다하고 자신의 시계를 들여다봤다.

이상히 여긴 유인촌은 최불암을 툭툭 치며 말을 건넸다.

유인촌 : 이봐, 무슨 약속 있어? 왜 일은 안 하고 시계만 들려다보는 거야?

최불암 : 약속은 무슨. 내 시계가 제대로 있나 해서 말야. 눈 감으면 코 베어가는 세상 아닌가.

선

노처녀 노사연은 선을 볼 때마다 대머리라고 퇴짜를 맞았다.

상처가 깊어진 노사연은 다시는 선을 안보리라 마음을 먹었다.

그런데 하루는 TV광고에 대머리 약 광고가 났는데 신기하게도 5시간 동안은 머리털이 나왔다가 없어진다는 거였다.

희소식을 접한 노사연은 당장 약국으로 가 그 약을 샀다. 정말 신기하게도 5시간 동안은 정상인과 조금도 차이가 나지않게 머리털이 쑥쑥 나왔다.

다시 자신감을 얻은 그녀는 선을 봤는데 상대는 다름 아닌 최불암이었다.

아니나 다를까 약의 효과가 있어 최불암은 노사연을 보는 순간 반해버렸고 당장 결혼을 하자고 제안했다.

이야기가 이렇게까지 급진전되자 노사연은 사실 예기를 해도 되겠다싶어 조심스럽게 얘기를 꺼냈다.

노사연 : 저, 불암씨. 저에겐 고백할 게 있어요.

최불암 : 고백이라구요? 괜찮습니다. 나이가 그 정도 되셨으면 과거정도 있는 것은 무슨 흉이겠습니까. 전 대머리만 아니면 됩니다.

뭐라고?

최불암이 김혜자 집에 놀러갔다.

핀란드 통나무로 만든 김혜자 집은 초호화판이었다. 벤츠 자가용은 기본이고 일제로 도배된 벽지, 이태리제 목욕탕…….

두리번거리며 집 구경을 하던 최불암은 문득 거실에 걸린 "자수액자"를 보고 너무 기뻤다. 그것은 분명히 외제가 아닌 한국산이었다.

"혜자씨 이 액자 너무 멋있다."

김혜자는 별거 아니라는 듯 대꾸한다.

"응, 이건 우리 엄마가 중1때 만드신 거야"

깜짝 놀란 최불암이 하는 말.

"어머 망측해라. 옛날에 너의 엄마 스님이셨니?"

별 따는 법

별이 총총 빛나는 여름밤.

금동이가 마당에서 대나무 작대기로 하늘을 휘젓고 있었다.

마침 뒷간에 갔다 오던 최불암이 하도 궁금해서 무엇을 하는 거냐고 물었다.

금동이가 "별을 따고 있는 중이예요"라고 말하자 최불암이 머리를 쥐어박았다.

그리고 한심하다는 표정으로 금동이한테 하는 말.

"야, 별을 따려면 옥상으로 올라가야지."

새로운 펩시 시리즈 I

밖에는 비가 억수로 내린다. 불암 아저씨는 덕분에 신이 났다.

"야. 내일은 그 지긋지긋한 전원일기 촬영을 안 하겠구나. 동네 극장에 가서 산딸기 시리즈나 봐야지."

그 때 아름다운 여성이 최불암에게 물어온다.

"저-, 펩시 있으세요?"

그딴 게 불암 아저씨에게 있을게 뭐야. 그래서 아저씨는 말한다.

"딴 건 안 될까요?"

근데 이 여자는 또 뭐냐?

"없으면 됐어요."

이럼 안 되잖아. 좋은 기회인데 말야. 그래서 불암 아저씨는 일단 거짓말을 한다.

"아니에요. 있어요."

노구를 이끌고 사다리를 타고 내려와 자동차를 피해 빗속을 뚫고 그놈의 콜라를 사온다.

돌아와 보니 창문이 닫혀있다.

'에라, 쓰는 김에 팍팍 쓰지.' 아저씬 유리를 깨고 그 잘난 펩시를 아가씨에게 내민다.

아가씨는 이상히 생각한다.

"어머, 왜 이렇게 젖었죠?"

그러자 최불암 아저씨,

"야, 너도 밖에 나가봐라."

새로운 펩시 시리즈 Ⅱ

어느 날 최진실이 찾아와서 하는 얘기.

"저 펩시 있으세요?"

"끼얏호-"

최불암은 빗속을 뚫고 펩시를 사와 최진실에게 주었다. 그때 김혜자가 놀러왔다.

"저도 하나 안 될까요?

그러자 최불암씨는 퉁명스레 말했다.

"나눠 먹어!"

엄마의 자랑

불암이네 엄마는 다른 일엔 늘 칠칠치 못한 최불암이 화장실에 다녀와서는 꼭 손을 씻는다는 것을 자랑스러워했다. 그런데 어느 날은 불암이 화장실에서 나와 그냥 밥상에 앉는 것이었다.

이상스러워하는 어머니에게 꼬마 불암은 이렇게 얘기했다.

"오늘은 휴지가 있던데."

신기하다

최불암이 금동이와 “형사 플래시”를 보고 있었다.

금동이 : 아버지 재미있어요?

최불암 : 재미고 뭐고, 저 양놈이 언제 우리말을 배워 저렇게 잘 한다냐?

신경쇠약

인신매매니 살인강도니 해서 세상이 험악해지자 최불암은 사소한 일도 의심하는 신경쇠약에 걸렸다.

어느 비오는 날 오후, 최불암이 동네 약국에 들렀다.

최불암 : 혹시 이 약국에서 산 약을 먹고 죽은 사람은 없나요?

약　사 : (기분 나쁜 투로) 그런 일은 전혀 없습니다.

최불암은 믿기 어렵다는 듯 재차 확인한다.

"정말입니까?"

약사가 하늘에 걸고 맹세한다고 하자 최불암은 안심한 듯

"그럼, 여기 1회용 대일밴드 하나만 주세요."

테헤란은 어디에

사회시간에 금동이는 선생님의 질문에 대답을 하지 못했다.

선생님의 질문은 테헤란이 어디 있냐는 것이었다.

대답을 못한 금동이에게 선생님은 공부 좀 하라고 야단친 후 아버지를 내일 꼭 모시고 오라고 했다.

집에 돌아온 금동이는 최불암의 눈치만 살피고 있다가 저녁을 먹은 후 조심스럽게 말을 꺼냈다.

금동이 : 아부지, 오늘 수업에 선생님이 내신 질문에 대답을 못했거든요. 그랬더니 아부지를 내일까지 꼭 모시고 오래요.

최불암 : 뭐야 이놈아! 선생님 말씀 잘 듣고 공부 열심히 하라고 학교에 보냈더니 선생님 질문에 대답을 못했다구! 그래, 뭔 질문을 하셨길래 대답을 못했냐! 못하길!

금동이 : 사회시간에요, 테헤란이 어디 있냐고 하시드라구요. 몰라서 대답을 못했어요.

최불암 : (평소 금동이의 습관을 이해하는 어조로) 그래 내 뭐랬냐! 뭐든지 쓰면 제자리에 갔다 놓으라고 했잖아. 내일 내가 학교에는 갈테니 그리 알고 테헤란 찾아놔.

최불암과 40인의 도둑

"세계는 넓고 할 일은 많다"는 말에 감동을 받은 최불암이 도둑이 되기로 결심, 40명의 부하를 4인 1조, 10개조로 편성해 세계를 무대로 도둑질을 했다.

중국의 만리장성, 미국의 자유의 여인상, 에스키모의 냉장고, 아프리카 토인의 거위털 파카, 이덕화의 가발 등등 돈이 될 만한 것은 닥치는 대로 훔쳤다.

어느 날 훔친 물건을 비밀창고로 가져가면서 최불암은 40명의 부하에게 말했다.

"나 몰래 창고 속에 있는 보물을 몰래가지고 나오는 놈은 각오해."

바위산에 도착한 최불암이 "열려라 참깨"하고 외치자 바위산이 갈라지면서 비밀창고의 문이 열렸다.

훔친 물건을 창고 안에 두고 나오던 최불암이 갑자기 마지막에 나오던 부하를 살기어린 눈초리로 째려보며 말했다.

"야 임마."

"불암 두목님. 살려주십시오. 비밀을 절대 누설하지 않겠습니다."

그러자 최불암은 차갑게 내뱉었다.

"임마 문 닫고 와."

축구화와 고무신

프로축구선수 최불암이 신발가게에 갔다.

진열대에 놓인 신발을 구경하던 최불암은 축구화랑 고무신을 골랐다.

신발값을 낸 최불암은 오른쪽 발에는 근사한 축구화를 왼쪽 발에는 싸구려 고무신을 신었다.

줄곧 지켜보던 가게주인이 고개를 갸웃거리며 그 이유를 물었다.

최불암은 공손히 대답했다.

"오른발은 지난해 7골이나 넣었는데 외발은 한골도 못 넣어 벌주는 겁니다."

가위 바위 보

최불암이 김혜자와 연애할 때 있었던 일.

무뚝뚝하기로 소문난 최불암이 느닷없이 춘천에 놀러가자고 했다. 교제이후 처음으로 여행을 간 김혜자는 신바람이 나서 쉴새 없이 떠들고 깔깔댔다. 김혜자의 기분을 아는지 모르는지 묵묵히 듣기만하는 목석같은 남자 최불암.

최불암이 하도 말이 없자 김혜자는 심심해서 문제를 하나 냈다.

"자기! 타이슨 주먹보다 해글러 주먹보다 더 센 게 뭐~게?"

한참을 생각하던 최불암이 찾아낸 답.

"보."

······ 했단다.

최불암 아저씨 막내딸이 미국유학을 갔단다.

쌀 수입 개방 때문에 형편이 어려워진데다 흉년까지 들어 돈이 궁해진 최불암은 땅을 팔아 막내딸 학비를 보냈단다.

나중에는 농협에서 빌린 영농자금까지 학비로 부치게 되었단다.

2년 뒤. 막내딸이 겨울방학을 맞이하여 오랜만에 귀국한다는 편지를 내왔단다. 공항까지 마중나간 최불암은 딸을 데리고 고향으로 가는 고속버스를 탔단다. 동네 삼식이 장가간 일, 일용이 어머니 노망든 것, 돼지가 새끼 친 일을 이야기 하다 보니 어느 덧 금강휴게소였단다.

최불암이 김밥을 사왔단다. 한참 맛있게 먹고 있는데 느닷없이 막내딸이 기어드는 목소리로 고민을 털어놨단다.

"아브지 화내지 마세요, 저…… 사실은 아브지 몰래 미국남자랑 결혼 했시유."

이 말에 최불암 아저씨 땅이 꺼지라 한숨을 내쉬었단다.

“한심한 것 같으니. 내가 그렇게 고생해서 유학까지 보냈는데 아직까지도 사투리를 쓰다니. 쯧쯧.”

수면제

간호사가 된 최불암은 며칠째 잠 못 자는 환자에게 수면제를 먹일 시간이 되자 병실로 올라갔다.

그런데 환자는 코를 드르렁 드르렁 골며 자고 있는 것이 아닌가!

한 시간을 기다리고 두 시간을 기다려도 환자는 깰 낌새를 보이지 않았다.

용기를 내어 최불암은 환자의 볼을 '톡톡톡' 치며 깨어나길 바랬지만 헛수고였다.

흔들어 보고 침대를 쳐보기도 했지만 환자가 꿈쩍하지 않자 환자를 들어앉힌 최불암은 상냥하게 말했다.

"수면제 드실 시간이에요."

시험시간에 I

최불암이 초등학교에 다닐 때의 일이다.

하루는 미술 시험시간에 '생각하는 사람'을 만든 조각가의 이름이 무엇이냐는 문제가 나왔다. 시험공부를 하지 않은 최불암은 걱정이 태산이었다.

평소 공부를 잘하는 민지는 '로뎅'이라고 자신 있게 썼다. 민지의 짝 맹구는 그대로 베껴 쓸 수 없어 '오뎅'이라고 썼는데 맹구의 답을 본 최불암은 똑같이 쓰면 선생님한테 혼날까봐 고심 고심한 끝에 회심에 찬 미소와 함께 답을 작성했다.

"덴뿌라"

시험시간에 Ⅱ

오늘은 사회시험 보는 시간.

지난번 미술시험에서의 창피를 벗고자 부단히 노력했던 최불암은 이 시험을 잘 보려고 하였다. 문제는 아프리카에 사는 인종을 쓰라는 것이었다.

우등생 민지는 '흑인종'이라고 썼다. 병팔이는 그대로 쓸까하다가 '검둥이'라고 썼고, 맹구는 '깜디'라고 썼다. 한참을 골똘히 생각한 최불암은 부시맨을 떠올려 자신 있게 답을 썼다.

'새깜디"

시험시간에 Ⅲ

1학기 중간고사시간.

"컨닝 할 생각 말고 아는 대로 답안지를 작성하세요."

나는 우주선도 떨어트린다는 생활주임 선생님의 경고에 모두들 기가 죽은 듯 시험지만 쳐다보는데 유독 최불암은 자꾸 고개를 갸웃거렸다. 무언가 써 있는 손바닥을 가끔씩 들여다보면서. 그러다 결국 최불암은 부정행위로 적발됐다.

"최불암 손바닥 펴!"

선생님이 위압적인 자세로 윽박 질렀다. 최불암은 너무나 무서워 고개를 숙인 채 눈물만 '뚝뚝' 흘렸다.

선생님이 계속 다그치자 최불암은 체념한 듯 손바닥을 폈다. 과연 무엇이 적혀 있었을까?

"절망하지 말자! 기말고사가 있다."

시험시간에 Ⅳ

수학 시험시간.

이번 따라 왜 그리 문제가 어렵던지. 피타고라스가 와도 3분의 1을 못 풀 정도였다.

아이들은 포기한 듯 무조건 "찍기"를 했다. 하지만 최불암은 독자노선을 걷기로 하고 "연필 굴리기"했다.

시험시작 후 10분경과--- 제일 먼저 민지가 시험지를 제출한다.

짜식 반장이라고 잘난 척 하더니 너도 별 수 없구나.

시험시작 후 20분경과--- 최불암을 뺀 나머지 애들이 시험지를 낸다.

꼭 공부 못하는 애들이 먼저 나가더라.

최불암은 다른 애들이 나가는 것도 아랑곳 않고 연필 굴리기에 몰두한다.

끝나는 종이 치기 2분 전.

선생님이 시계를 들여다보면서 최불암 쪽으로 걸어온다.

"임마 무슨 연필 굴리기를 1시간이나 하냐?"하면서 비아냥거린다.

이 말을 듣고 최불암이 씩 웃으며 하는 말,

"네 선생님, 검산을 하느라구요."

시험시간에 V

기말고사 시험이라 긴장이 감도는 교실에 드디어 선생님이 들어왔다.

시험지를 다 돌린 후, 모두 열심히 시험문제를 풀고 있는데 최불암은 문제를 풀 생각은 하지 않고 두 손으로 얼굴을 가리고 있는 것이었다.

그래서 선생님은 최불암에게 다가가 어디가 아프냐고 물어보았다.

그러자 최불암은 조심스럽게 대답을 했다.

"아픈 게 아니에요. 그냥 한번 그렇게 해봤어요."

같이 가자

최불암의 임종을 지켜보던 김혜자는 당신 없인 살 수 없다고 소리치며 제발 자기를 버리고 가지 말라고 매달렸다.

말하기도 힘이 든 최불암이었지만 한마디 하지 않을 수 없게 된 상황이었다.

"같이 가자."

너도 봤구나

최불암은 앵무새를 키우고 있었다.

그런데 최불암이 목욕만 하면 앵무새가 쳐다보는 바람에 그는 앵무새에게 또 쳐다보면 머리를 빡빡 밀어버릴 거라고 경고를 했다.

그날도 여전히 앵무새는 최불암이 목욕하는 것을 쳐다보았다.

화가 난 최불암은 앵무새의 머리를 빡빡 밀어버렸고 마침 조춘이 놀러와 현관에 들어서자 앵무새가 말하기를

"너도 봤구나."

대용품

아기가 굴러다니던 몽당연필을 가지고 놀다 그만 삼켜버렸다.

놀란 아이의 엄마는 최불암이가 경영하는 동네병원에 전화를 걸었다.

아기엄마 : 의사 선생님. 저희 집으로 빨리 좀 와주세요. 애가 연필을 삼켰어요. 어서 와주세요.

최불암 : 지금은 수술중이라 한 시간 후쯤 가겠습니다.

아기엄마 : 아니 무슨 말씀이십니까, 그럼 우린 어쩌란 말이에요!

최불암 : 아, 연필이 없으면 아쉬운 대로 볼펜이 있지 않습니까!
볼펜으로 쓰고 계세요!

김 회장

2021년 드디어 통일이 되었다. 경제계의 거물들은 북한의 엄청난 부동산을 어떻게 요리할 것인지 의견을 나누고자 서울 모처에 속속 모여들기 시작했다.

약속된 5분전.

먼저 까만 색 에쿠스 500이 다가왔다.

"음, 나 현대 정 회장이야."

다음에 온 것은 검정색 벤츠 450.

"삼성 이 회장이야."

잇달아 역시 검은 색 임페리얼 3000이 도착했다.

"대우 김 회장이요."

그리고 서서히 다가오는 것은 검정 외제 세단이었다.

그때 끼어드는 검정 색 3000리 자전거.

"아니, 당신은 뭐요?"
"나? 양촌리 김 회장이야."

최불암 도사

계룡산에서 20년 동안 도를 닦던 최불암 도사가 제자를 불러 모았다.

계룡산 도사 자리를 이어갈 후계자를 뽑는 중요한 시험을 치르기 위해서 초긴장 속에 제자들이 속속 모여들었다.

최불암 : 연못 속의 막대기가 어떻게 보이느냐?
제자 1 : 꺾여 보입니다.
최불암 : 그것은 네 마음이 바르지 못하기 때문이다.
최불암 : (밤하늘을 가리키며) 하늘이 어떻게 보이느냐?
제자 2 : 까맣게 보입니다.
최불암 : 그것은 네 마음이 까맣기 때문이다.

최불암 : (간장독을 내밀며) 맛을 보거라. 어떤 맛이냐?
제자 1 : 예, 짭니다.
최불암 : 그것은 네 마음이 짜기 때문이다.

제자 2 : (무엇이가를 알겠다는 듯이 고개를 끄덕이면서 간장 맛을 보고나서)　예, 달게 느껴집니다.

최불암 : (껄껄 웃으면서) 원샷

핵 이야기 I

최불암이 가족과 함께 9시 뉴스를 보고 있었다.

국회의원 출마를 앞두고 사회문제에 지대한 관심을 갖고 있던 최불암은 핵 이야기가 나오자 신경을 곤두세웠다.

"뭐 핵가족화라고? 집집마다 핵무기를 들여놓으라니. 도대체 말이나 되는 소리야!"

근심스런 얼굴로 광고까지 지켜보던 최불암이 깜짝 놀라 중얼 거렸다.

"아니 핵산이 2.5%라니. 우리나라 산의 2.5%에 핵이 설치되어 있다는 건가?"

핵 이야기 Ⅱ

화장실에 앉아 석간신문을 읽던 최불암이 도저히 이해할 수 없다는 듯 고개를 가로저었다.

"음 핵사찰이라…… 절에서 뭐하려고 핵무기를 보유한다지?"

핵문제의 심각성에 전율을 느끼며 일을 마친 최불암은 무심코 창밖을 내다보며 몸서리 쳤다.

"세상에! 그렇다면 저 빨간 십자가들은 다 핵미사일 기지란 말이지?"

터미네이터 사건. 그 이후

터미네이터가 자신을 욕한 불암에게 복수를 하겠다고 KBS를 실수로 쑥밭을 만들어 놓은 후의 일이다.

마지막 생존자의 유언에 따라 MBC로 간 터미네이터는 점심 먹으러 가던 차인태를 붙잡고 물어봤다.

"최불암, 최불암 그 녀석 어딨어!"

차인태가 간신히 대답했다.

"양…… 양촌리."

터미네이터는 지나가던 전철을 빼앗아 막무가내로 양촌리까지 몰게 하였다. (어떻게 전철이 양촌리까지 갈 수 있느냐고? 바주카포를 운전기사 머리에 들이대고 있는데 당신이면 못 갈 것 같아?)

아무튼 양촌리까지 부리나케 간 터미네이터는 싸인을 받으러 악착같이 따라붙는 금동이를 M-16을 난사해서 쫓아내고 텔레비전을 보고 있던 일용 엄니를 붙들고 또 물었다.

"최불암, 최불암 그 녀석 어딨어!"

"야 이누마, 화장실에 가봐, 이누마. 빨리 비켜 테레비 안 보인다."

일용 엄니 대답에 화장실로 간 터미네이터. 다짜고짜 최불암이 일을 보고 있는데 문을 벌컥 열고 바주카포를 들이댔다.

"최불암! 너……"

그런데 터미네이터가 말을 마치기도 전에 불타는 듯한 눈동자로 쏘아보던 최불암이 내뱉듯이 말했다.

"문 닫어!"

화장실 이야기 I

"유쾌한 스튜디오"에 출연해 게임을 하던 최불암은 배가 아파 옴을 느꼈다. 후다닥 화장실로 뛰어가 아랫배에 힘을 주는 순간, 갑자기 누가 문을 벌컥 열었다. 같이 출연한 최진실이었다. 최불암은 화를 벌컥 내며 문을 닫으라고 소리쳤다.

그러자 최진실이 "여긴 여자화장실이에요." 하고 말했다.

얼른 옆에 있는 남자화장실로 뛰어가는 최불암. 그런데 "공사중"이었다. 안 되는 놈은 뒤로 넘어져도 코가 깨진다더니.

아랫배에 통증이 점점 더 심해짐을 느끼며 최불암은 아래층으로 뛰어갔다. 남자화장실을 확 인한 후 문을 벌컥 열었다. 그런데 거기에 최진실이 앉아 있는 게 아닌가.

최불암이 화를 내려는데 최진실이 선수를 쳤다.

"야, 문 닫어. 왜 남 일보는데 문 열고 그래?"

최불암도 지지 않고 대꾸했다.

"여기는 남자화장실 인데."

이 말을 받아 최진실이 하는 말.

"따~라~하지마라. 응"

화장실 이야기 Ⅱ

최불암이 시골에서 갓 올라온 아가씨를 가정부로 고용했다. 가는 날이 장날이라고 그날이 최불암 생일이었다.

가정부는 분주하게 생일상을 차렸다. 그런데 음식이 너무 짜 최불암이 냉수를 찾았다. 가정부는 '쫓겨나지 않을까' 걱정하며 냉수를 갖다 줬다.

벌컥벌컥 냉수를 들이켜도 속이쓰리 자 최불암은 화장실로 달려가 변기에 앉았다.

그 순간 화장실 문이 벌컥 열리더니 당황한 가정부가 소리쳤다.

"아저씨 우물위에 앉아 계시면 어떻게 한데유……"

키미테

쿠웨이트에 근무하는 최불암 한 테 발신인불명인 편지가 날아왔다.

김혜자가 카바레 출입을 하더니 제비족하고 눈이 맞아 딴 살림을 차렸다는 내용이었다.

분노의 화신이 된 최불암은 수류탄과 M16으로 무장하고 그것도 부족해 신형 로켓트탄까지 구해 귀국선을 탔다.

거친 파도, 휘몰아치는 폭풍 속을 뚫고 부산항에 도착한 최불암.

살기어린 모습으로 배에서 내리더니 하는 말.

"멀미 안녕!"

원더 보이 2

"스트리트 파이터"로 냉혐한 전자오락의 세계로 뛰어든 바 있었던 최불암은 장풍이 안 나가는 "달심"에 실망한 나머지 "원더 보이 2"로 유파를 바꾸기로 마음먹고 맹훈련을 쌓기 위해 오늘도 오락실의 문을 힘차게 밀고 들어갔다.

날렵하게 빈자리에 앉은 최불암. 그러나 그는 곧 분노에 가득 찬 목소리로 아저씨를 불렀다.

"뭐에요. 조정간이 마음대로 안 움직이잖아요?"

10년 이상 오락실을 운영해온 아저씨는 침착하게 기계를 살펴보았다.

"임마! 돈을 넣고 해야지."

완벽한 조건

시끄러운 것을 질색하는 집주인이 안내문을 써 붙였다.

"싼 셋방 있음. 단 아이가 있으면 안 됨"

전세방을 찾아 돌아다니던 최불암이 때마침 안내문을 보고 한 가지 꾀를 냈다.

"똑똑똑"

금동이가 대문을 두드리자 집주인이 나왔다.

"무슨 일이니?"

금동이는 망설임 없이 최불암이 시킨대로 차근차근 이야기했다.

"셋방 얻으러 왔어요. 저는 아이는 없고 오직 엄마, 아빠, 할머니, 그리고 돼지 5마리뿐이에요."

정 전

최불암네 집에 노사연, 최주봉, 노주현, 김혜자. 일용엄니. 일용이, 주병진 등이 놀러왔다.

음식을 맛있게 먹고 담소도 나누고 즐거운 시간을 보내다 집에 갈 시간이 되었다.

그런데 이 일을 어쩐 다냐!

현관으로 나와 신발을 신으려는데 갑자기 정전이 되어버렸다.

평소 자신을 뚱뚱하다고 구박하지만 어쩔 수없이 초대한 것을 안 노사연은 잘 됐다 하고 쾌재를 부르며 최불암을 한 방 먹여버렸다.

그러자 정신이 번쩍 난 최불암은 누가 날 쳤다고 큰소리를 쳤는데 다른 사람들이 웅성 웅성하는 사이 노사연이 한마디 했다.

노사연 : 아니, 선배님 댁이니까 끝까지 책임을 지셔야죠. 정전이 돼서 신발을 찾을 수 없어 한 대 갈겨 불이 번쩍하는 동안 신발 좀 찾으려는데 뭘 그런 걸 가지고 그러세요.

속이 뒤집힌 최불암은 이를 악물고 노사연을 노려보며 말을 꺼냈다.

최불암 : 내 눈만 눈이냐! 왜 하필이면 날 쳐, 치길!

노사연 : 무슨 말씀을 또 그렇게 하세요? 다른 사람을 때리면 얼마나 아프겠어요? 안 그래요 여러분!

택시에서 I

망년회다 송년회다 해서 연일 술로 보내는 시간이 많은 최불암.

말단사원 주제에 마이카를 구입할 처지도 못되고 잘됐지 뭐. 술은 마냥 퍼 먹을 수 있으니.

오늘도 술을 열심히 마신 그는 택시에 몸을 싣고 집으로 향했다.

집에 당도해서 차가 멈추자 운전기사는 그냥 내리려는 최불암에게 큰소리로 외쳤다.

운전사 : 그냥 내리시면 어쩝니까? 이봐요 손님, 차비 주셔야죠?

최불암 : "쪽, 티코"

택시에서 Ⅱ

오늘은 무대를 바꿔 이태원 젊음의 거리에 간 최불암은 실컷 흔들고 마시고 보내다 집에 갈 시간이 되어 나왔는데 택시가 잡힐 생각을 하지 않았다.

여기저기서 따블 따따블 하는 소리가 귀에 따갑게 들리는 거리에서 생각과 발 거름을 오락가락하던 최불암은 장난기가 발동하였다.

한글도 얼마 없는 이태원거리에 어울리는 장난이라고나 할까.

최불암 : 뉴욕 따블!

뉴욕 따따블!

택시가 멋지게 최불암 앞에 서더니 운전기사가 소리쳤다.

"야! 길 건너가서 타, 임마!"

택시에서 Ⅲ

최불암은 택시를 타고나서 운전기사에게 몹시 잔소리를 했다.

좌회전이요 우회전이요. 이 골목이요 저 골목이요. 이 건물 뒤요 하면서 운전기사의 정신을 빼놓은 최불암은 목적지에 다다르자 차비를 준비했다.

차비를 지불하려는데 운전기사는 돈을 받을 수 없다고 그냥 가라고 했다. 이상하게 여긴 최불암은 운전기사에게 물었다.

최불암 : 요금이 이렇게 많이 나왔는데 왜 차비를 안 받으시나요?

운전기사 : 운전은 아저씨가 입으로 다 했잖아요.

축하 전보

최진실이 결혼을 한다고 최불암에게 청첩장을 보내왔다.

그런데 촬영일자와 겹치는 바람에 결혼식장에 갈 수가 없었다. 진실이가 독실한 크리스천임을 안 최불암은 성경구절로 축하전보를 보내기로 마음을 먹었다.

돈을 절약할 생각으로 성경구절만 적어 보냈는데 그것은 '1요4 : 18'이었다. ('사랑이 두려움을 내어 쫓다니')

그런데 전보 타자수가 실수로 1요의 1을 빠트리고 말았는데 '요4 : 18'의 말씀은 다음과 같았다.

'네가 남편 다섯이 있었으나 지금 있는 자는 네 남편이 아니니'

플래시맨

삼성 라이온즈 4번 타자 최불암이 성적부진으로 구단에서 쫓겨났다.

눈물을 머금고 계룡산에 올라간 최불암은 재기를 꿈꾸며 지옥훈련에 돌입. 비바람이 불고, 눈보라가 휘날려도 연습에만 몰두했다.

그러던 어느 날, 폭포아래서 정신통일을 하던 최불암이 번개를 맞고 플래시맨이 됐다. 최불암은 시속 500km로 날아오는 공도 받아치는 야구도사가 된 것이다.

야구방망이를 걸치고 상경하던 날.

그날은 왕중 왕을 가리는 한국시리즈 7차전이 있었다. 해태 타이거즈대 삼성 라이온즈가 3승 3패를 기록한 가운데 마지막 경기를 진행하고 있다는 소식을 들은 최불암은 순식간에 잠실운동장까지 달려갔다.

해태 타이거즈가 4 : 2로 앞선 가운데 9회말 삼성 라이온즈의 공격이 진행되고 있었다. 주자 1, 2루에 2아웃 2스트라이크 3볼 공 하나에 역전 되느냐 마느냐 하는 숨 막히는 순간이었다.

삼성 라이온즈 벤치로 달려간 최불암은 감독에게 플래시맨이 된 경위를 밝히고 기회를 달라고 졸랐다.

'믿을까 말까 에라 민자' 고심하던 감독은 타임아웃을 부르고 최불암을 대타로 기용했다.

경기에 출전한 지 이 얼마만인가! 설레는 가슴을 진정시키고 타석에 들어선 최불암. 역전 홈런을 날리겠다는 신호로 외야석 전광판을 가리켰다.

순간 관중석은 찬물을 끼얹은 듯 조용해 졌다. 최불암의 자신만만한 태도에 투수도 기가 죽은 듯 보였다.

불쌍한 짜식. 하필 나한테 걸려서…… 회심의 미소를 띄우며 최불암은 공을 기다렸다.

그런데 이게 웬 날벼락이야. 갑자기 심판이 경기가 끝났으니 들어가라고 했다.

기가 막힌 최불암이 투수가 공도 안 던졌는데 왜 경기가 끝났냐고 따지자 심판이 하는 말.

"2루 주자가 도루하다 죽었어"

터보 라이터

최불암이 부시맨을 초청했다. 전통의상만 달랑 걸친 채 인천공항에 도착한 부시맨은 최불암을 발견하자 대뜸 얼굴에 침을 뱉었다.

최불암도 뒤질세라 부시맨 얼굴에 침을 뱉었다. 이렇게 아프리카식 인사를 끝낸 뒤 최불암은 부시맨을 데리고 방송국 견학도 시키고 서울 구경도 했다. 여기저기 돌아다닌 두 사람은 배가 고파 식당에 들어갔다. 식사가 끝난 뒤.

부시맨 : 근데 자네 성냥 있나?

최불암 : 아니, 성냥은 없고 라이터를 쓰지 그래.

부시맨 : 싫어.

최불암 : 아니, 라이터를 쓰라니까. 터보 라이턴데, 한번 써봐.

부시맨 : (화를 벌컥 내며) 야, 넌 라이터로 이 쑤시냐?

타임머신 Ⅰ

“타임머신 발명에 성공, 인류 최초 탑승자 모집 중. 선착순.”

타임머신에 탈 사람을 모집하는 광고를 본 최불암은 뛸 듯이 기뻐하며 신청서를 냈다. 평소 존경하던 이순신 장군을 만 날 수 있는 절호의 찬스가 아닌가.

3개월 뒤. 조종술을 다 익힌 최불암은 계기판을 17세기 노량해전이 한창 벌어지고 있는 시점으로 맞추고 출발단추를 눌렀다.

“띠요옹~”

잠시 후. 목적지에 도착한 최불암은 이순신 장군을 만나기 위해 타임머신에서 내렸다.

그때 최불암이 놀라며 하는 말.

“망했다. 왜군 배 위다.”

타임머신 Ⅱ

구사일생으로 왜군 배에서 탈출한 최불암은 재도전을 하기로 했다.

"10, 9, 8, 7……"

2차 비행 카운트다운이 시작되자 최불암은 심호흡을 하고 계기를 조작했다.

"띠요요옹~"

잠시 후 거북선에 도착한 최불암. 용감무쌍하게 싸우는 이순신 장군을 보자 눈물이 핑 돌았다. 그때 이순신 장군이 갑자기 왜군의 총에 맞아 숨을 거두면서 최불암에게 말했다.

"내가 죽어도 이 사실을 아무에게도 알리지 마라."

그러자 최불암,

"싫다. 약 오르지롱."

광고란?

경영학과에 입학한 최불암은 강의시간표를 짜다가 '광고개론' 시간이 눈에 띄어 신청을 하게 되었다.

오늘은 그 첫 번째 강의시간.

교수님은 첫 강의이고 학생들이 어느 정도 광고에 대해 이해하고 있는지 알아보기 위해 질문 식으로 첫 시간을 시작했다.

교 수 : 아-, 광고가 뭔지 아는 사람 한번 얘기해 보도록 해요.

그러자 강의실 뒤편에서 손을 번쩍 든 최불암은 씩씩하게 대답했다.

최불암 : 광고란 말인가요. 그건 고스톱에서 '광(光)'으로 점수가 나서 '고'를 하는 경우를 말합니다.

시네마 천국

오늘도 최불암은 몹시 심심했다. 그래서 말없이 영화관을 향해 길을 걸었다.

"오늘 같은 날은 영화를 봐야 돼."

그러나 매표소 앞에 다다른 최불암은 그제 서야 주머니에 돈이 없음을 깨달았다. 그렇지만 그는 불굴의 사나이 아닌가. 과감하게 매표구로 갔다.

"표 가져간다."

최불암이 표를 그냥 가져가자 5분이 못되어 경찰차 수 십대와 전경을 가득 실은 버스가 동원되고 앰블런스와 소방차 그리고 헬리콥터까지 몰려오는 것이었다.

"우리는 경찰이다. 너는 완전히 포위됐다. 순순히 항복해라."

최불암은 시끄러운 방송 속에서도 쓸쓸하고 고독한 표정을 지었다. 그러더니 갑자기 입고 있던 바바리코트 속에서 기관총을 꺼내 마구 쏘아댔다.

"두드드드드드! 따르르르륵!"

빗발치는 총탄세례 속에서도 최불암은 태연하게 수많은 경찰과 무고한 시민을 죽였다. 경찰은 후퇴를 할 수밖에 없었다. 왜냐면 마지막으로 믿고 있던 형사 플래시마저 어금니의 충치 때문에 출동할 수가 없었기 때문이었다.

최불암은 여유 있게 탄창을 갈아 끼며 주머니에서 표를 쓰윽 꺼냈다. 그리고 싸늘하게 식은 표정으로 매표구를 향해 이렇게 말했다.

"표 값은 외상으로 해주셔요."

신년 인터뷰

최불암 시리즈로 인해 지난해에 구설수에 올라 버린 최불암 씨가 새해에는 희망차게 보낼 각오로 기자회견을 자청해 올 한해는 이렇게 보내겠다고 약속했다.

1. 최진실, 최주봉. 최수종 등 이런 애들하고 안 놀겠다.
2. 람보, 코만도, 슈퍼맨, 배트맨 같은 애들 하구두 절대 놀지 않겠다.
3. 빨간색 옷을 입으면 열 손가락에 장을 지지겠다.
4. 독수리 5형제에 연연해하지 않겠다.
5. 쓸데없이 탁구치지 않겠다.
6. 63빌딩 옆에도 가지 않겠다.
7. 홍삼원, 펩시 등을 공공연하게 광고하지 않겠다.
8. 최불암 시리즈 만든 사람들을 애교로 봐주겠다.

여행 I

이집트로 여행을 간 최불암이 스핑크스가 있는 피라미드 앞을 지나게 됐다.

그런데 갑자기 스핑크스가 최불암에게 문제를 내면서 맞추면 살려주고 못 맞추면 죽이겠다고 으름장을 놓았다.

"아침에는 네발, 점심에는 두발, 저녁에는 세발이 되는 동물이 뭐 게?"

이집트에 대한 충분한 사전지식을 익혔던 최불암은 자신 있게 대답했다.

"사람"

스핑크스가 놀라며, "하는 수 없지. 자 지나가"하고 길을 비켰다.

최불암은 의기당당하게 스핑크스 앞을 통과하면서 말했다.

"고맙다 스컹크야!"

여행 Ⅱ

최불암이 친구와 함께 사하라 사막에 놀러가기로 했다.

출발하는 날 인천공항에 모인 친구들은 준비물을 점검한 후 각자 가지고 온 것을 내밀며 한마디씩 했다.

친구1 : 나는 더우면 마시려고 물을 가져왔지.
친구2 : 나는 부채를 가지고 왔어. 더우면 부치려고. 불암이 자네는 무엇을 가지고 왔나?

그 물음에 최불암은 문을 가지고 왔다고 대답했다. 친구들이 하도 이상해서 그 이유를 묻자 최불암은 지극히 당연하다는 투로 말했다.
"더우면 문을 열고 자려고"

결 혼

성년이 된 최불암이 결혼을 한다고 발표하자 노주현이 가장 먼저 찾아와 축하한다는 말을 전했다.

노주현 : 진심으로 축하합니다. 그래, 누구하고 결혼하십니까?

최불암 : 나 말이야, 여자하고 결혼한다네.

노주현 : 아니, 누가 남자하고 결혼한다고 했습니까? 누구하고 결혼 하시냐니까요?

최불암 : 모르는 소리 말어. 우리 누나는 남자하고 결혼하는 걸 내가 이 두 눈으로 똑똑히 목격했어. 자네도 왔었잖아.

나는 살고 싶다! I

추억의 장소 63빌딩에서 최불암 씨가 디너쇼를 열었다. 옥상에서 탁구를 치던 멤버, 즉 유인촌 노사연 주병진 유남규 현정화 그리고 심판을 봐주었던 드라큐라까지 (최불암 시리즈 1편 119쪽을 보세요) 우정출연해 준 화려한 무대였다.

그런데 갑자기

"불이야! !"

최불암은 침착하게 마이크를 잡고 말했다.

"침착합시다. 저 쪽에 있는 소화용 물통에 있는 물을 뒤집어쓰고 비상계단으로 나가시면 됩니다.

"콱 콱 콱 우당탕 우당탕"

사람들이 어느 정도 빠져나가자 이제는 스스로의 안전을 도모해야겠다고 주위를 둘러본 최불암의 눈에 유인촌과 민지가 눈에 띄었다.

그런데 남은 물통은 두 개뿐이었다.

"짜식들 얼른 안 나가고 뭘 했어. 둘이서 가위 바위 보해라. 응?

앗 하는 순간에 자기만 물통을 뒤집어쓰고 나가는 최불암.

"무슨 선배가 이래." 유인촌은 투 털 거리며 민지에게 말했다.

"민지야 삼세판이다. 알았지?"

"왜요? 이 물통은 아저씨 꺼 하구 저 물통은 내 꺼하면 되잖아요."

"뭐?" 민지의 말에 다시 보니 물통이 여전히 두 개가 아닌가.

"이상하다? 민지야 아까 최불암 아저씨 나가지 않았니?"

그 말에 민지가 대답했다.

"누구? 아까 휘발유 통 들고 나간 아저씨 말야?"

나는 살고 싶다! Ⅱ

불사신 최불암은 그러나 죽지 않았다. 왜냐면 주인공은 절대로 죽지 않으니까. 하지만 그 사건 이후로 불암은 불을 멀리하고 물을 가까이하기로 했다.

"왜냐하면 물에선 타죽을 염려가 없잖아." 너무나도 당연한 말씀,

그래서 간곳이 제주도. 그곳에서 그는 잠수함을 탔다. 그 날도 유인촌과 민지와 함께 신나게 즐기는데 이게 뭐야.

"물이야!"

뭐? 물?

사람들은 국산이 다 그렇지 하면서 각각 산소통을 하나씩 물고 침착하게 탈출하기 시작했다. 생미역을 구경하던 최불암과 유인촌, 민지만 빼고.

"난 살아야 돼. 전원일기 촬영해야 되거든." 혹시 산소통이 모자를 까봐 최불암이 미리 예기했지만 다행히 이번엔 산소통리 많이 남아 있었다.

"음 많이 남았구나. 그럼 내가 이거 가질 꺼다. 난 큰 게 좋거든."

최불암은 이번엔 절대 실수하지 않겠다고 굳게 결심하고 유달리 긴 호수가 달린 큰 통을 물고 바닷물에 뛰어들었다.

“아저씨, 아저씨.”

민지가 부르는 소리 따위는 이미 아랑곳 없었다.

“자, 민지야 우리도 가자.” 유인촌이 빨간 산소통을 물고 민지에게도 하나 건네며 말했다.

“어? 유인촌 아저씨. 불암 아저씨 배탈 나지 않을까? 아까 잠수할 때 입에 물고 들어갔던 통에 ‘소화기’라고 써 있던데……”

나는 살고 싶다! Ⅲ

불에 데이고 물에 당하고 최불암, 그가 갈 곳은 어디인가!

"이제 남은 곳은 하늘뿐이야. 민지야 인촌아 우리 비행기 타고 설악산 가자."

"선배님, 설악산엔 비행장이 없는데……"

"임마, 최불암 시리즈에 첨 나와 보냐. 이 몸이 가면 갈 수 있는 거야."

어쨌든 이렇게 해서 비행기를 탄 세 사람에게 또 다시 위기가 닥쳤다. 최불암 일행이 탄 비행기에 테러단이 설치한 폭탄이 있음을 알게 된 것이다.

"본 비행기의 기장 슈퍼맨입니다. 본 비행기는 5분 후 완전 분해될 예정입니다. 탑승객 여러분의 나머지 여로는 낙하산으로 모시겠습니다. 잊으시는 물건 없이 안녕히 가시길 바랍니다. 그럼 전 이만 수우퍼매에에에에—ㄴ"

"하여튼 양놈들은 정말 의리 없다니까. 짜식 저만 날라 가면 된단 말이지."

최불암은 투털 거리며 뛰어내렸다.

"인촌아 내 짐 좀 가지고 내려와라. 난 이거 메고 먼저 간다 아 아아--"

"나참 더러워서."

떨어져 내리는 최불암을 보며 유인촌은 짐을 주섬주섬 챙기기 시작했다.

그 때 민지가 말했다.

"인촌이 아저씨. 우리도 빨랑 가자."

"잠깐 기다려, 최불암 선배님 짐 안 가지고 가면 나중에 혼난단 말야. 얼마나 무서운데."

"그렇지만" 민지가 낙하산 배낭을 메며 말을 이어갔다.

"불암 아저씨는 이제 짐 같은 거 필요 없을걸. 방금 낙하산 대신 내 책가방 메고 뛰어 버렸는데……"

진찰료

구두종합병원을 경영하는 최불암은 그 동네 내과의원 의사가 신발 한 켤레를 수선해달라고 하자 도저히 고칠 도리가 없다며 5천원을 내고 가라고 했다.

의사는 하도 어이가 없어 신발도 고치지 못하면서 무슨 돈이냐고 항의를 했다.

의　사 : 돈은 무슨 돈이요? 이 사람 제 정신이야?

최불암 : 난 당신한테 배운 겁니다.

의　사 : 나한테 배웠다고요?

최불암 : 지난번 내가 당신 병원에 갔을 때 내 병은 도저히 고칠 수가 없다고 하면서 진찰비 받은 거 기억 못하시나요?

택시와 버스의 차이

신나는 소풍날.

비가 올까봐 밤새 걱정하다 잠을 설친 최불암이 늦잠을 자고 말았다.

"앗, 늦었다."

최불암은 후다닥 버스정류장으로 뛰어갔다.

발을 동동거리며 버스를 기다리는데 만원버스들은 계속 정류장을 그냥 지나쳤다.

화가 난 최불암은 다음에 오는 버스운전기사에게 회수권 2장을 흔들며 소리쳤다.

"아저씨, 따블이요 따블."

항상 보는 책

회사에서 하는 일도 잘 안 되고 하여 최불암은 교회에 나가 아침 저녁으로 기도 하며 마음의 평안을 찾고자 했다.

이런 소식을 전해들은 목사는 가엾은 어린 양 최불암이 열심히 새벽기도를 하고 있는 교회 본당으로 가 다음 주에는 당신의 집을 방문해서 고민을 덜 수 있도록 하겠다는 약속을 했다.

세상에 자기밖에 아무도 없다고 생각했던 최불암은 감사하기 그지없었고, 목요일 쯤 방문해 줄 것을 부탁했다.

드디어 목요일. 최불암의 집을 방문해 말씀을 나누던 목사는 그의 심정을 충분히 이해한다며 성경말씀이 도움이 될 것이라고 말했다.

그래서 금동이를 시켜 성경을 가져오게 했다.

최불암 : 금동아, 아버지가 항상 보는 그 책 좀 가져오너라.
금동이 : 예, 가져갑니다.

잠시 후, 금동이가 책을 가져왔는데 그 책은 'TV가이드'였다.

격식 차린 잠자리

유인촌이 집들이 하는 날. 양초와 슈퍼타이를 산 최불암이 놀러 갔다.

식사 후 술을 마시며 고스톱을 치다보니 어느덧 12시가 되었다.

"잘 놀았네" 인사를 하고 나오는데 갑자기 폭우가 쏟아졌다. 비가 좀처럼 그치지 않자 유인촌은 최불암을 문간방에 재웠다.

얼마후 유인촌이 자고 있는데 초인종이 울렸다. 나가보니 최불암이 비를 흠뻑 맞은 채 서 있었다.

"아니, 불암 형님! 왜 거기 서있어요?"

최불암 빙그레 웃으며

"응 집에서 잠옷을 가져오느라고."

심각한 얘기

한 포장마차에서 오랜만에 만난 최불암과 최주봉이 유신 때라면 감히 나눌 수 없었던 심각한 얘기를 나누고 있었다.

최주봉 : 저, 로버트 태권 V와 마징가 Z가 싸우면 누가 이길까요?

최불암은 한참을 생각에 잠겨야만 했다. 이윽고,

최불암 : 음… 아마 마징가 Z가 이길 것 같아.

최주봉 : 아니, 로버트 태권 V가 진단 말입니까, 태권 V는 태권도도 할 줄 아는데도요?

최불암은 연륜이 넘치는 웃음을 보이며 그 반론을 막았다.

최불암 : 마징가 Z의 친척 중에는 그레이트 마징가가 있거든.

신체검사 Ⅰ

최불암이 신체검사 통지서를 받고 고민에 빠졌다. 군대에 가면 여자 친구의 마음이 변할 것 같아 불안했던 것이다. 머리를 쥐어뜯고 3일 낮 3일 밤을 궁리하던 최불암이 한 가지 꾀를 생각했다.

드디어 신체검사일.

맨 먼저 안과 군의관이 시력검사표를 읽으라고 했다. 양쪽 시력이 2.0인 최불암은 "무슨 검사표요?" 하고 딴전을 피웠다.

군의관이 빗자루를 가리키며 "이게 뭐지요?"하고 묻자 최불암은 "연필이요"라고 대답했다. 최불암은 계획대로 불합격 판정을 받았다.

그날 저녁.

친구들과 병역면제 축하 술을 마신 후 최불암은 여자 친구를 불러내 영화관에 갔다.

좌석번호를 확인하고 자리에 앉으려다 무심코 옆을 본 최불암은 깜짝 놀랐다.

신체검사 때 만났던 그 군의관이 앉아있는 게 아닌가.
떨리는 가슴을 진정시킨 다음 최불암이 군의관에게 물었다.
"이 버스 광화문에 가나요?"

신체검사 Ⅱ

결국 최불암은 노련한 군의관의 눈을 속이지 못하고 재검 판정을 받게 되었다.

그런데 최불암은 죽어도 군대에 가기가 싫었다. 왜냐면 쫄병 때는 텔레비전을 볼 수 없다는 얘기를 들었기 때문이다. 남들이야 '그럴 수도 있지 뭐' 하고 넘어갈 수도 있는 일이지만.

"난 안돼. 그러면 독수리 5형제를 볼 수 없잖아."

그렇다. 열혈청년 최불암. 그는 한시라도 독수리 5형제가 지구를 지키는 것을 자신의 두 눈으로 확인하지 못하면 밤잠을 이룰 수 없었던 것이다.

고민. 고민. 또 고민. 그리고는 군대를 면제받을 수 있는 갖가지 정보들을 모으기 시작했다. 간장을 먹으라든가 키미테를 눈에 붙이라든가 각종 얘기들이 있었으나 현대의학을 동원한 군의관들을 속일만한 뾰족한 방법이 없었다.

그러다가 우연히 무릎수술을 받으면 생활에는 지장이 없으나 X선 촬영에는 비정상으로 보여 군대에 안 간다는 최신정보를 입수하고 거액을 들여 수술을 받았다.

"힘들다. 돈도 많이들고. 그러나 지구의 평화를 위해서라면……"

어? 그런데 같은 수술을 받았던 축구선수가 걸려드는 바람에 그것도 잘 될 것 같지 않았다.

"빌어먹을……. 가가멜 같은 녀석, 왜 걸려 왜!

결국 최불암은 지구의 평화를 위해 최후의 수단을 쓰기로 했다. 새끼손가락을 자른 것이다. 하지만 갈 길은 멀었다. 새끼손가락 잘라가지고는 공익근무요원이라는 것이 아닌가.

"에이, 막가는 거다."

드디어 재 신체검사일. 새끼손가락에 이어 검지까지 자른 손을 주머니에 쑤셔 넣고 검사장으로 갔다. 그리고 판정관 앞에 섰다.

"최불암 병역 면제!"

오. 지구의 평화여- 최불암의 눈에 이슬이 맺히려는데 판정관은 계속 말을 이어갔다.

"사유. 평발."

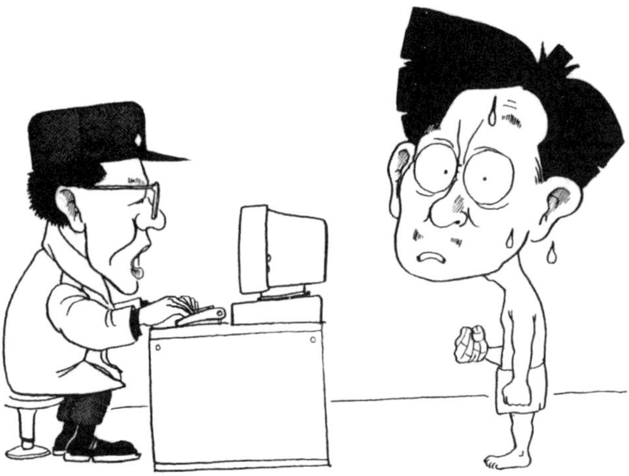

억울해요

전깃줄에 노주현 참새와 최불암 참새가 앉아 있었다.

이때 등장하는 사람이 있으니 우리의 명포수 황비홍 이었던 것이다. (새로 발견된 역사서에 의해 밝혀진 사실에 의하면 황비홍은 권법뿐 아니라 나는 새는 물론 술 취한 참새까지 잡는다는 전설적 사격술을 가졌다는 것이다).

어떤 참새를 먼저 잡을 것인가 숨막히는 순간, 오늘도 황비홍은 버릇대로 '못생긴 참새'를 먼저 잡기로 했다.

"탕"

총소리와 함께 떨어지는 최불암 참새, 그는 억울하다는 듯이 말했다

"조금만 더 있으면 이주일 참새가 올 텐데."

야한여자

기분 좋게 점심식사를 하고 MBC로 오던 최불암이 갑자기 여자만 강당으로 모이라고 했다.

최진실, 채시라, 노사연…… 강당에 집합한 여자 연예인들은 무슨 일인가 궁금해 하면서 수근덕거리고 있었다. 드디어 최불암이 단상에 올라가더니 강당 안을 둘러보며 말했다.

"이중에 야한 여자 나와!"

여자 연예인들은 서로 눈치만 볼 뿐 아무도 나오지 않았다.

화가 난 최불암.

"누구라고 말하기 전에 솔직히 나와"

계속 고개만 숙이고 있던 노사연이 자리에서 일어나자 최불암이 소리쳤다.

"내 등에다 '야'하고 소리친 다음 도망간 사람이 너였어."

공중도덕

밤늦게까지 술을 마시고 늦잠을 잔 최불암은 허둥대며 버스정류장으로 달려갔다.

때마침 버스가 왔지만 사람들이 길게 줄을 서있어 도저히 탈 수가 없었다. 발을 동동 구르며 안절부절 하던 최불암은 새치기를 하기로 했다.

사람들의 눈치를 보면서 버스에 타려는 순간. 갑자기 웬 젊은 녀석이 최불암 앞으로 끼어들었다. '몰염치한 녀석 같으니' 화가 난 최불암은 그 사람 어깨를 툭툭 치면서 호통을 쳤다.

"이봐 젊은이. 새치기도 순서가 있는 거야."

행복은 성적순이 아니잖아요.

성적을 비관한 고 3학생이 투신자살을 하려고 학교 옥상으로 올라갔다. "행복은 성적순이 아니잖아요."라고 외치는 소리에 모든 급우들과 선생님들이 나와 말리려고 해봤으나 막무가내였다. 이때 최불암이 나타나 소리쳤다.

"임마, 죽으면 안 돼. 아직 우리에겐 할 일이 많잖아."

그러나 옥상의 학생은 듣지 않았다.

"아냐, 난 죽어버릴 테야."

그러자 최불암이 더 크게 소리쳤다.

"안 돼! ! 너 나랑 요번 주 주번이잖아!"

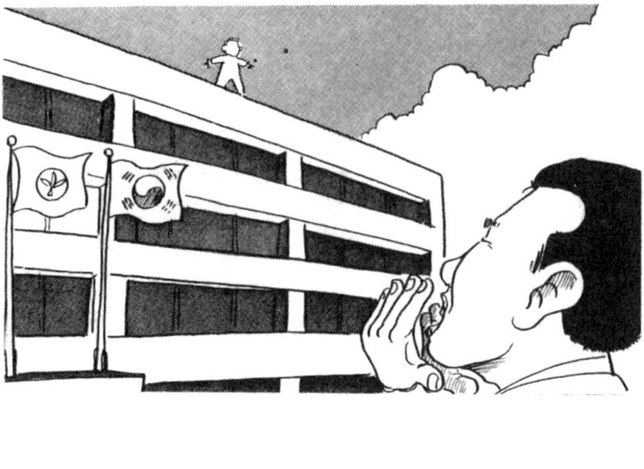

파브르 최불암

파브르의 곤충기를 감명 깊게 읽은 최불암이 자기도 곤충기를 써 보기로 마음먹고 우선 주위에서 흔히 볼 수 있는 것을 잡아 관찰하기로 했다. 즉 벼룩을 선택한 것이다.

"벼룩아 뛰어!" 그러자 벼룩이 폴짝폴짝 뛰었다.

이번엔 벼룩의 뒷다리를 떼고 다시 소리쳤다.

"벼룩아 뛰어!"

그런데 이번엔 아무 반응도 없는 게 아닌가.

"벼룩씨, 뛰어 보세요."

이번엔 존댓말로 해봤지만 그래도 역시 꼼짝 않고 있었다. 최불암은 이젠 알았다는 듯이 그의 곤충기에 이렇게 썼다.

"벼룩 뒷다리를 떼 내면 귀가 먹는다."

골동품

골동품 수집가가 된 최불암이 두메산골을 지나가게 되었다.

머리가 허연 노인이 혼자 나무패는 것을 본 최불암은 노인에게 다가 갔다.

최불암 : 영감님, 도끼가 굉장히 오래된 것 같습니다.

노 인 : 젊은 양반이 용케도 알아보는군, 그래요 한때 임꺽정이 가졌던 도끼이기도 하다우.

최불암 : 정말입니까? 그렇게 오래된 것 같지는 않은데요.

노 인 : 오래되긴 됐대두. 임꺽정이 사용하던 이래로 자루는 네 번, 도끼 대가리는 한 두어 번 갈았거든.

뿌리칠 수가 없어서

김혜자는 나이가 들면서 보석에 대한 욕심이 생겨났다.

자꾸 추하게 늙어만 가는 자신의 모습을 보석을 통해 감추어 보고픈 욕구가 일어나는 것을 막을 길이 없었다.

그런 까닭에 실업자인 남편 최불암에 대한 불만은 커져만 갔고 매일 매일을 바가지 긁는 것으로 보내고 있었다.

그런데 어느 날 최불암이 경찰서에 있다는 연락을 받고 놀라서 뛰어가 보았다.

이유는 금은방을 털려고 하다 그만 잡혔다는 것이었다. 하도어이가 없는 김혜자는 법 없이도 살 당신이 왜 그랬느냐고 울면서 묻게 되었다.

김혜자 : 내가 보석얘기를 했다고 그런 짓을 하면 어쩌자는 거예요. 여보, 흐흐흑~

최불암 : 당신 얘기도 있고 해서 시내에 한번 구경을 나갔는데 보석상 다이아몬드 목걸이 위에 '이 놀라운 기회를 놓치면 후회하십니다.'라고 써 있더라구. 그래서 뿌리칠 수가 있어야지? 그리고 당신 소원을 이루게 해줄 절호의 찬스를 어떻게 그냥 지나치냐구! 내가 잘못 한 건가?!

무드 없는 남자

최불암과 최진실이 데이트를 했다. 분위가 좋은 레스토랑에서 저녁을 먹고 낭만적인 애정영화도 보고. 두 사람은 황혼이 짙게 깔린 강변을 거닐며 즐거운 시간을 보냈다.

얼마쯤 시간이 흘렀을까?

모래사장에 앉아 사랑의 기쁨에 휩싸인 최진실은 손가락으로 모래위에 '사랑, 영원, 만남 ……'을 썼다.

최불암도 뭔가를 쓰고 있었다. 최진실이 궁금해서 물어 보았다.

"지금 뭐 써요?"

그러자 한 숨을 내쉬며 최불암이 하는 말.

"오늘 내가 쓴 돈 계산하고 있어."

알파벳 숫자는?

최불암이 다니던 초등학교에 조기교육바람이 불었다. 방과 후 1시간씩 영어공부를 시키기로 한 것이다.

알파벳을 다 배운 날 선생님은 아이들에게 몇 가지 질문을 했다.

선생님 : 최불암 영어 알파벳은 모두 몇 자지요?

최불암 : ABCD…… 그러니까 모두 24자요.

선생님 : 틀렸어요. 알파벳은 모두 26자예요.

최불암 : 아니에요 선생님, 얼마 전에 E.T영화를 봤는데 E.T가 우주선을 타고 지구를 떠났어요. 그러니까 ET를 빼면 모두 24자예요.

드라이브

어느 무덥고 짜증나는 여름날. 금동이는 더위도 식힐 겸 오토바이로 드라이브를 하려고 나섰다. 그런데 최불암 아찌도 태워달라고 했다.

금동이는 노인네가 주책이라는 생각이 들었지만 그래도 아버지의 말씀인데 거역할 수 없어 같이 고속도로로 나섰다.

양촌리 최고의 금동이 오토바이가 시속 100km에 달했을 때 금동이가 물었다.

"아버지 시원하시죠?"

그러자 최불암은 의외로 땀까지 흘리면서 대답하는 것이었다.

"시원하긴 뭐가 시원해."

이번엔 좀 무리다 싶었지만 시속 150km까지 달려보았다. 그리곤 물어보았다.

"이젠 시원하시죠?"

하지만 최불암은 여전히 구슬땀을 흘리며 대답을 안 하고 오만상을 찌푸리고 있는 게 아닌가. 참으로 이상하다고 금동이가 생각하고 있는데 그제야 최불암이 쥐어짜는 듯한 목소리가 들려왔다.

"애야, 애비 아직 안탔다."

커피 되나요?

겨울답지 않게 포근한 날이 계속되던 어느 토요일 오후. 진실이 언니하구 최불암 아찌는 동숭동에서 만나기로 약속을 했다.

주머니 사정이 좋지 않았던 최불암 아찌였지만 오늘 만큼은 레스토랑에서 분위기있게 식사를 하고 웨이터를 불러 물어보았다.

최불암 : 여기 후식 안 나옵니까?

웨이터 : 예, 오늘은 토요일이라 따로 주문을 하셔야 합니다.

최불암 : 커피 되나요?

웨이터 : 되고말고요.

최불암 : 그럼, 쥬스 2잔 주세요.

출연료

"최불암 영화감독 데뷔"

첫 작품으로 초대형 전쟁영화를 만들기로 한 최불암이 인터뷰를 하고 있었다.

"대종상은 물론 아카데미 외국영화상도 노리고 있습니다. 엑스트라만 한 10만 명 정도 쓸 예정이지요."

기자는 놀라서 물었다.

"그 많은 사람의 출연료는 어디서 구할 생각이죠?"

문제될 것 없다는 듯 태연하게 대답하는 최불암.

"난 실탄을 지급할 예정입니다."

수영장에서 I

최불암, 유인촌, 노주현이 수영장에 갔다. 그런데 문제가 생겼다. 세 사람 모두 수영팬티를 안 가져 온 것이다.

최불암의 지휘하에 소집된 작전회의.

"소근 소근, 이러쿵 저러쿵, 옥신각신, 투덜투덜……"

오랜 회의 끝에 세 사람은 행동수칙을 정했다.

첫째, 돈을 모아 수영팬티를 한 장 산다.

둘째, 제일 먼저 수영장에 들어간 사람이 수영팬티를 벗어 탈의실에 던져주면 다음 사람이 입고 수영장에 들어간다.

셋째, 수영장에서 나올 때도 위와 같은 방법으로 한다.

돈을 걷어 수영팬티를 산 세 사람은 행동수칙에 따라 일사분란하게 움직였다.

제일 먼저 수영장에 들어간 노주현은 수영팬티를 벗어 유인촌에게 던졌다. 잽싸게 수영장에 들어간 유인촌은 마지막 주자 최불암에게 수영팬티를 던져줬다.

치밀한 계산과 빈틈없는 작전수행에 성공한 세 사람은 환호성을 질렀다.

그런데 곧 유인촌과 노주현은 너무 놀란 나머지 입술을 파르르 떨며 할 말을 잃었다.

글쎄 최불암이 수영팬티를 벗어 탈의실 쪽으로 던지는 게 아닌가.

수영장에서 Ⅱ

노주현, 유인촌, 그리고 최불암 3명은 그렇게 누드로 수영을 하게 되었다.

그런데 이상한 일이 일어났다. 사람들이 얼이 빠져 최불암만을 쳐다보고 있는 거였다. 늘씬하게 빠진 노주현이나 유인촌이 아닌 최불암을 말이다.

그날따라 최불암은 배영을 하고 있었던 것이다.

속임수

최불암과 김혜자가 저녁만찬에 초대됐다. 식사 전에 숟가락이 나왔는데 반짝반짝 빛나는 금 숟가락이었다.

숟가락이 탐이 난 김혜자가 아무도 모르게 살짝 주머니에 넣었다. 최불암도 주위 눈치를 살피며 금 숟가락을 집어 들었다.

그런데 그만 물컵이 깨지는 바람에 넣는 걸 들키고 말았다.

그때 당황한 최불암이 하는 말.

"지금부터 마술을 보여드리겠습니다. 제가 금 숟가락을 주머니에 넣으면 아내 주머니에서 똑같은 금 숟가락이 나올 겁니다."

골고루

금동이가 오늘은 개구쟁이 스머프도 안 보고 종일 눈치만 보고 있다. 왜냐하면 학교에서 성적표를 받아왔기 때문이다.

저녁을 먹고 최불암이 연속극에 취해 한참 기분이 좋을 때 용기를 내어 성적표를 내 놓았는데 최불암은 그것을 보자마자 대뜸 소리를 질렀다.

"체육 '양'에다가 나머지는 모두 '가'라니.

이 녀석아 내가 너무 한 과목만 집중적으로 공부하지 말라고 했지!"

심장마비

쇼핑을 하러간 최불암과 최진실.

최진실이 마음에 든 물건을 손에 들고 갖고 싶다고 하자 최불암은 그 정도 못 사주겠냐며 바지 뒷주머니에 손을 넣었다.

그런데 이게 웬일일간! 지갑이 없는 것이다. 놀란 최불암은 여기저기 다 뒤져보기 시작했다.

최진실 : 윗도리 주머니도요?

최불암 : 찾아봤어.

최진실 : 윗도리 안주머니두요?

최불암 : 아ㅡ 니

최진실 : 거긴 왜 찾아보지 않으세요?

최불암 : 거기마저 찾아봐도 없으면 심장마비가 일어날까봐.

속 저승 가는 길 I

거짓말쟁이 최불암이 쓰레기차를 피하려다 똥차에 치여 죽었다. 저승으로 가면서 최불암은 계속 투덜댔다.

"망할 놈의 똥차 같으니라구. 씩씩……"

어쨌거나 한참을 걷던 최불암은 드디어 목적지인 저승에 도착했다. 그런데 저승의 첫인상은 정말 이상했다. 사방팔방에 등불이 켜져 있었기 때문이다. 최불암이 저승사자에게 물었다.

최불암 : 저 등불들은 뭡니까?

저승사자 : "거짓말 탐지기"란다. 죽기 전에 거짓말을 한 만큼씩 깜박거리지.

최불암 : 그럼 제 등불은 어디 있죠?

저승사자 : 응 네 등불은 나이트클럽 깜박이로 쓰고 있다.

속 저승 가는 길 Ⅱ

최불암, 노주현, 최주봉이 같은 날 같은 시간에 죽었다. 세 사람은 사이좋게 저승으로 향했다.

그런데 갑자기 똥이 마려워진 노주현. 마침 그곳은 미개발 지역이어서 화장실이 없었다. 이리저리 돌아다녀도 적당한 장소가 없자 얼굴이 샛노래진 노주현이 기도를 했다.

"하느님 제게 화장실을 내려주세요."

그러자 하늘에서 순금으로 된 수세식 화장실이 내려왔다.

노주현이 볼일을 마치자 세 사람은 다시 걷기 시작했다. 이번에는 최불암이 똥이 마려웠다. 최불암도 기도를 했다.

"하느님 제게 화장실을 내려주세요."

그런데 이게 웬일이여. 냄새가 천지를 뒤흔드는 "푸세식" 화장실이 내려오는 것이잖아!

화가 난 최불암이 삿대질을 하며 하느님께 따졌다. 그러자 하느님이 가소롭다는 듯 말했다.

"그래도 너는 행복한 거다. 뒤에 있는 최주봉을 보거라."

뒤를 돌아본 최불암. 너무 우스운 나머지 눈물까지 질끔 흘리고 말았다.

글쎄 최주봉이 신문지 위에서 아랫배에 열심히 힘을 주고 있는 게 아닌가.

"응~가…… 응~가……"

속 저승 가는 길 Ⅲ

최불암, 이주일이 저승에 가게 되었다. 가시밭 길 돌밭 길, 산 넘고 물 건너 저승에 도착한 두 사람은 이상한 것을 발견했다.

발길 닿는 곳마다, 눈길 닿는 곳마다 시계가 돌아가고 있는 게 아닌가.

최불암 : 염라대왕님, 천천히 돌아가는 시계도 있고 빨리 돌아가는 시계도 있는데 왜 그렇습니까?

염라대왕 : 못생긴 사람의 시계일수록 빨리 돌아가는 것이니라.

최불암 : 그럼 제 시계는 어디 있어요.

염라대왕 : 지금 선풍기로 쓰고 있다.

최불암 : 이잉!

(옆에 있는 이주일을 가리키며) 그럼 얘 시계는요?

염라대왕 : 그건 헬리콥터에 쓰고 있지.

참견마 !

연기대상을 받아 부상으로 태국여행을 갔다 와 공항 세관에서 검사를 받고 있는 최불암.

세관원 : 신고할 물건은 없습니까?

최불암 : 없습니다.

세관원 : 정말입니까?

최불암 : 물론이지요.

세관원 : 그럼 양쪽 귓속에 식빵을 꽂아놓은 저 새끼호랑이는 뭐죠?

최불암 : 이봐요. 언제부터 세관이 남의 간식까지 간섭했소?
샌드위치에 뭘 넣어먹든 그건 내 자유 아닙니까?

인과응보

고등학교 국어시간.

한용운의 "님의 침묵"에 대해 수업을 하던 선생님이 불교에 대해 설명을 하셨다.

"불교에는 인과응보라는 게 있어요. 자기가 한 일에 대해서는 꼭 그에 따른 대가가 주어진다고 해요. 반장이 예를 들어 봐라."

"예. 하찮은 벌레를 죽이면 나중에 벌레로 태어나고 개를 죽이면 개로 태어납니다.

선생님이 흐뭇한 표정으로 "맞아요."하고 계속 수업을 하려는 순간, 갑자기 최불암이 손을 번쩍 들고 일어났다.

"그럼 사람을 죽이면 사람으로 다시 태어나나요?"

공부하기 싫은 사람

교사가 된 최불암은 아이들에게 인기가 높았다. 그래서 수업시간은 들뜨기 일쑤였고 그 시간이면 산만해져서 수업을 할 수가 없었다.

하루는 반장이 일어나 큰소리로 말했다.

"공부하기 싫은 사람은 다른 사람들한테 방해주지 말고 스스로 나가주기 바란다."

이 말이 끝나기가 무섭게 최불암 선생님은 제일 먼저 조용히 나갔다.

최불암 생활영어

I can understand.	나는 물구나무서기를 할 수 있다.
Can I help you?	내가 깡통 따줄까?
Are you cold?	아유 추워!
I'm fine, and you?	나는 파인주스, 넌 뭐 마실래?
How do you do?	어떻게 네가 그럴 수가 있니?
Yes, I can.	그래, 낭 깡통이다.
See you again.	두고 보자.

Please, sit down.　　플리즈야, 앉아.

May I help you?　　5월 쯤 널 도와줄까?

님 향한 일편단심

만 원짜리 지폐에 새겨진 주인공의 까마득한 선조뻘이 되는 대왕마마가 이 나라를 다스리던 때였다.

최불암에게 병조판서를 하사한 이 대왕에게는 나쁜 버릇이 있었는데 그것은 코딱지를 후비는 것이었다. 님 향한 일편단심을 가진 최판서는 고민 끝에 왕에게 사정했다.

"전하, 체통을 생각하셔서 부디 코딱지 후비는 일은 그만 두시옵소서."

그러나 왕은 그 얘기를 듣지 않았다.

"최판서, 이거 심심할 때는 그만이야. 경도 한번 해보지 그래."

그날 저녁

퇴청한 최불암이 밥상을 물리고 멍하니 앉아 코를 후비고 있는 것을 본 부인은 깜짝 놀랄 수밖에 없었다.

"아니, 대감 그게 무슨 해괴한 짓입니까? 사대부 어른이……"

그러자 최불암은 근엄한 표정으로 이렇게 말하는 것이었다.

"어멍이오!"

난 달심이다.

스트리트 파이터 2에 심취해 마지않던 최불암이 피나는 노력 끝에 달심을 선택해서 오락을 끝까지 깨뜨리자 너무 기쁜 나머지 자기 자신과 달심을 혼동하기까지에 이르렀다. 그래서 우선 같이 오락을 즐기던 이발소 주인에게 가서 머리를 달심과 똑같이 깎았다. 그리고 혜자의 귀걸이를 달고 팬티만 입고 명동 스트리트에 나갔다.

"I am 스트리트 파이터 달심 ! ! 덤벼, 덤벼"

그러나 웬걸. 지나던 10대 불량배에게 흠씬 두들겨 맞고 말았다.

최불암은 이해할 수 없었다.

"왜 손이랑 발이 안 늘어나는 거야."

차례대로

이른 아침부터 아내가 입원한 산부인과 분만실 앞에서 서성거리던 최불암은 한 낮이 지나도록 아무 소식이 없어 무척이나 애를 태우고 있었다.

더구나 간호사는 분만실에서 나올 때마다 다른 사람에게 아들이다. 딸이다. 하면서 축하를 하는 것이었다.

참다못한 최불암은 간호사에게 거센 항의를 했다.

최불암 : 이거 너무 하는 거 아니에요. 내가 저 사람보다 먼저 왔는데 왜 저사람 아이가 먼저 나옵니까?

전 화

최불암이 양 귓불이 빨개져서 전원일기 촬영장에 나타났다. 유인촌이 놀라서 그 경위를 묻게 되었다.

유인촌 : 귀가 어떻게 된 거에요?

최불암 : 입고 나올 와이셔츠를 다리고 있는데 전화벨이 울리더라구. 수화기인줄 알고 다리미를 그만……

유인촌 : "그런 끔찍한 일이…… 그런데 반대편 귀는 왜 그렇게 빨갛습니까?

최불암 : 그 친구가 또 전화를 했더라구.

전자오븐

김혜자는 최근에 새로 나온 전자오븐을 구입했다.

편리하다는 이유로 뭐든지 데우려고 들였는데 최불암이 부엌에서 커피 잔을 들고 나오자 커피 잔을 빼앗으며 말했다.

김혜자 : 커피포트에 데운 건 뜨겁지 않아요. 전자오븐에 데워드릴게요. 잠깐만 기다리세요.

하도 수선을 떠는 바람에 말도 못하고 있던 최불암은 김혜자가 컵을 돌려주자 힘없이 한마디 했다.

최불암 : 그건 콜라였어.

교통사고

최불암이 빨간 신호등을 보고 급정거를 했다. 그 뒤를 바짝 따라오던 차가 미처 서지 못하고 앞의 최불암 차를 들이받았다. 그런데 최불암은 투덜거릴 뿐 차에서 내려 사고 피해에 대해 합의를 보려고 하지 않는 것이다.

사고를 지켜보던 교통경찰이 다가가 물었다.

"최불암 선생님, 뒷사람이 선생님 차를 들이 받았습니다. 사고처리를 하셔야죠."

그러자 최불암이 이야기하는 것이었다.

"그 차에 탄 사람, 내마누라야."

최불암 삼촌 이야기

이 이야기는 군대에 가지 않은 최불암 이야기가 아니고 그의 삼촌 이야기임을 우선 밝힌다.

때는 6.25 전쟁. 최불암의 삼촌은 당시 상병이었다.(그는 병장이 되지 못하고 전사했다.)

하루 밤낮에 수 백 명이 죽어 쓰러지던 단장의 미아리 고개에서 그는 라디오로 이승만 대통령의 연설을 듣고 있었다.

"국민 여러분, 흩어지면 죽고 모이면 삽니다."

그런데 바로 그 순간 '피이이잉' 하면서 수류탄 하나가 부대원들이 라디오를 듣던 곳으로 떨어져왔다. 그러자 최 상병이 소대원들을 향해 소리쳤다.

"모여! !"

돼지고기야

최진실과 데이트를 하고 싶었던 최불암은 최진실에게 긴 편지를 썼다.

내용인즉, 사춘기 소년이 소녀에게 보내는 사랑의 메시지와 한번 만나 저녁이라도 먹자는 애절한 사연이었다.

편지를 받은 최진실은 선배의 청을 거절할 수도 없고 해서 약속장소인 압구정동 뮤즈 레스토랑으로 6시에 맞추어 나갔다.

최불암은 훨씬 먼저 나와 있는 듯했다.

가볍게 인사를 하고 자리에 앉자 웨이터는 기다렸다는 듯이 식사 주문을 하러왔다.

잔잔하게 클래식 음악이 흐르고 탁자의 안개꽃과 장미가 분위기를 한층 돋구었다.

돈까스를 주문하고 난 후 식사가 나왔고 마침음악은 요한 세바스찬 바하의 'G선상의 아리아'가 울려 퍼지고 있었다.

클래식에 조예가 깊다고 소문난 최불암이었기에 진실이는 지금 울려 퍼지고 있는 곡의 이름을 물어보았다.

최진실 : 저, 선배님. 지금 이 곡이 무슨 곡이에요?

최불암 : 응-, 돼지고기야.

병원에서 Ⅰ

최불암이 X-레이를 찍으려고 병원에 갔다. 의사가 촬영을 위해 앞으로 나오라고 하자 최불암은 잠깐 기다려달라고 한 후, 거울을 보며 이 표정 저 표정을 지어보고 준비가 다되었다고 말했다.

X-레이 기계에 올라선 최불암은 의사에게 큰소리로 외쳤다.

최불암 : 선생님, 웃어야 되죠?

병원에서 Ⅱ

최불암은 몸이 아파서 아들 금동이와 병원에 갔다.

대기실에서 기다리고 있는데 간호사가 최불암을 불렀다.

금동이와 최불암이 진찰실에 들어서자 간호사는 금동이에게 바지를 벗고 누우라는 지시를 했다.

그러자 금동이는 제가 아니라 이분이라고 최불암이 환자임을 알렸다. 쑥스러우면서도 젊은 여 간호사가 자신의 엉덩이에 주사를 놓아 줄 것을 생각하며 최불암은 훌렁 바지를 내렸다.

그런데 간호사가 하는 말.

"아저씨, 팔뚝 걷으세요."

말이라두 나오지

어린이 날이었다.

최불암네 가족은 서울대공원으로 가족나들이를 가게 되었다.

서울을 빠져나가는 것도 쉽지 않았지만 대공원엔 정말이지 너무나 사람이 많았다.

이리 밀리고 저리 밀려 가까스로 구경을 한 가족들은 잔디밭에 앉아 점심을 먹었다.

그런데 아까부터 참아 온 소변을 더 이상 참지 못하게 된 최불암은 화장실로 달려갔다. 그런데 이 일을 어쩌랴!

너무나 길게 줄을 서 있는 것이 아닌가!

기다리다 못해 최불암은 용기를 내어 변기 쪽으로 가 맨 앞줄 사람에게 양보를 부탁했다.

최불암 : 저, 너무 급해서 그러니 죄송하지만 제가 먼저 좀 볼일을…… 부탁합니다.

이 말을 들은 맨 앞줄에 있던 최주봉은 최불암을 아래위로 한참 훑어보다 이를 악물고 한마디 했다.

최주봉 : 이봐, 당신은 말이라두 나오지! !

선 물

서울구경 중에 최불암은 금동이에게 선물을 보냈다. 닭을 여러 마리 사서 보냈는데 금동이가 선물을 풀어보려는 순간 닭들이 후다닥 도망을 가고 말았다.

그래서 다음날로 금동이는 전보를 치게 되었다.

〈옆집마당까지 쫓아갔지만 열 마리밖에 못 잡았습니다.〉

최불암의 회신은 예상 밖으로 빨리 왔다.

〈그럼 됐다. 나는 여섯 마리밖에 안 보냈거든〉

불암부처

최불암이 버스를 기다리는데 30분을 기다려도 한 대도 안 오더니 한 시간 쯤 지난 후에 한 대가 서지도 않고 지나가버렸다. 사람들이 열불을 토하는 건 당연한 일이었다. 오직 최불암만이 부처님같이 인자한 웃음을 지으며 기다릴 뿐이다.

1시간 반 정도 지났을까? 이번엔 4대가 쭈르르 오는 거였다. 기다리던 사람들이 한마디씩 뱉으며 버스에 올랐다. 최불암 역시 예외는 아니었다.

"음 그래도 기차보다는 짧군."

비상각료 회의

4대 선거에 따른 인플레에다 세계적 불황까지 겹쳐 2021년의 한국경제는 파탄지경에 이르렀다. 이에 대통령 이하 전 장관들은 비상 각료회의를 열게 되었다.

신통한 의견 없이 3박 4일이나 끌어오던 회의에 활력을 불어넣은 것은 유인촌 장관의 한마디 였다.

"전쟁을 합시다. 그리고 상대는 반드시 미국으로 해야 합니다."

그는 이미 인기드라마 "야망의 세월"에서 탁월한 경제 감각을 보인바 있어 대통령이 여론의 강력한 반대의견에 굴하지 않고 직접 인선한 경제기획원 장관이었다. 졸다가 깨어난 장관들은 모두 웅성대기 시작했다.

"그러면 우리는 질 수밖에 없을 겁니다."

한 목소리 큰 장관이 유인촌 장관을 향해 소리쳤다.

"끝까지 들어보세요, 여기가 뭐 국회요?"

유인촌 장관은 한 치도 물러서지 않고 말을 이어나갔다.

"당연히 우리는 미국에 패합니다. 그러나 그 후 미국은 우리나라에 대대적인 경제 원조를 해올 것입니다. 이제까지의 역사를 살펴볼 때 이것은 의심할 수 없는 것입니다. 우리는 그 원조를 바탕으로 경제를 일으키는 겁니다.

너무나도 드라마틱한 유인촌 장관의 발언에 다른 장관들은 기립박수로 찬동을 표시하려고 일어서기 시작했다.

그때 조용히 앉아만 있던 대통령이 책상을 꽝 하고 내리쳤다. 그는 최불암 시리즈가 히트하면서 얼떨결에 대통령이 된 최불암이었다.

“유인촌 장관 실망시키는군. 그럼 장관은 우리나라가 미국과의 전쟁에서 이겨버렸을 경우를 생각해봤는가?”

그게 아닌데

술에 취해 버스를 잘못 탄 최불암이 엉뚱한 곳에 내렸다.

지나가는 사람을 불러 세운 최불암이 물었다.

“이봐 학생! 개포동으로 가려면 몇 번을 타야하지?

잠시 생각하던 학생이 대답한다.

“710번 타면 돼요.”

최불암 해도 해도 너무하다는 듯

“예끼! 술 취한 사람한테 장난치면 못써. 한번 타기도 힘든 버스를 710번이나 타라니……”

나폴레옹에 대하여

퀴즈아카데미에 출연하고 돌아온 최불암은 금동이에게 모르는 게 있으면 무엇이든 서슴지 말고 물어보라고 큰 소리를 쳤다.

어느 날, 학교에서 돌아온 금동이가 숙제를 하다 모르는 것이 생기자 자고 있는 최불암을 깨웠다.

"아버지 물어볼게 있어요."

모처럼 친구들을 마나 술을 마시고 들어온 최불암은 귀찮았지만 가장의 책임을 다하고자 뭐냐고 물었다.

금동이는 노트를 펴면서.

"나폴레옹에 대해 아는 대로 말씀해주세요."

최불암은 술이 덜 깬 목소리로 대답했다.

"나폴레옹은 소주보다는 독하지만, 그래도 뒤끝이 깨끗한 술이란다."

정말 주운거니?

최불암과 아들 금동이가 오순도순 살고 있던 어느 날이었습니다. 하루는 금동이가 만 원짜리 지폐 한 장을 들고 집에 들어 왔습니다.

금동이 : 아부지. 나 이거 주웠어요.

최불암 : 이 녀석 너 정말 주운 거냐? 나쁜 짓 한 거 아냐?

금동이 : 정말이에요. 돈을 주운 곳에서 두리번거리며 돈을 찾는 아줌마를 봤단 말이에요.

똑똑해요

유치원에 다닐 적 최불암은 엄마와 은행에 갔습니다.

그런데 꼬마 최불암이 은행 맨 끝 쪽으로 가더니 행원에게 유리 칸막이 사이로 빵을 넣어주는 것이었습니다.

최불암의 엄마는 당황해서 불암에게 그러면 안된다고 말렸으나 막무가내였습니다.

불암이의 엉덩이를 때리면서 미안해하시는 어머니는 말했습니다.

"죄송해요, 애가 방금 동물원에 다녀왔거든요."

산토기 토끼야 I

최불암이 24시간 편의점을 열고 있을 때의 일이다. 하루는 토끼가 오더니

"당근 있어요?"

하고 물어보는 것이었다. 최불암은 친절하게 대답해 주었다.

"토 선생, 여기에선 채소를 팔지 않아요."

토끼는 고개를 끄덕이며 돌아갔다.

다음날 토끼가 또 와 물었다.

"당근 있어요?"

"없습니다."

이번엔 좀 퉁명스럽게 대답을 한 최불암.

그 다음 날 그 토끼가 또 왔다.

"당근 있어요?"

"없어."

그런데 다음 날 그 토끼가 또 왔다.

"당근 있어요?"

최불암은 화가 났다.

"없어 이 녀석아!"

하면서 앞 이빨을 주먹으로 쳐서 부러뜨렸다.

그리고 다음날이 되었다.

그 토끼가 또 깡충깡충 뛰어왔다.

"당근 쥬스 있어요?"

산토기 토끼야 Ⅱ

불암네 가게에 어느 날 토끼가 왔다.

"아저씨 당근 있어요?"라고 물었다.

최불암은 없다. 라고 대답했지만 그 다음날도 또 그 토끼가 찾아와 물었다.

"아저씨 당근 있어요?"

"없어."

그런데 다음 날도 찾아와 또 물었다.

"아저씨 당근 있어요?"

이쯤 되자 불암은 화가 났다.

"없다는데 왜 그래? 너 또 와서 당근 있냐고 물어보면 가위로 귀 잘라버릴 테야."

다음날. 토끼가 또 왔다. 요번엔 질문이 달랐다.

"아저씨 가위 있어요?"

최불암은

“없어”

그러자 토끼,

“아저씨 당근 있어요?”

색 깔

교통경찰이 된 최불암은 도로에서 많은 시간을 보냈다.

신호가 바뀌면 바쁘게 움직이는 차량들과 뿜어대는 매연으로 힘든 생활일 수밖에 없었는데 하루는 운전 미숙상태에서 차를 몰고 나온 노사연이 신호가 몇 번이나 바뀌어도 움직이지 않는 것을 발견했다.

빨간색이 파란색으로, 또 파란색이 노란색으로 바뀌고 다시 반복이 되어도 서 있는 차는 움직이질 않았다.

상황을 짐작한 최불암은 노사연에게로 다가가 정중하게 말을 붙였다.

최불암 : 아줌마! 마음에 드는 색깔이 나오지 않습니까?

저렇게 많은 별들

하늘에 별이 얼마나 되는지에 대해 최불암과 김흥국, 노사연이 이야기를 나누고 있다.

김흥국 : 하늘에 별이 얼마나 많은 줄 아니? 우리 엄마가 그러는데 100개도 넘는데.

노사연 : 흥국아! 하늘에 별이 100개만 되냐 ! 90개도 넘어.

최불암 : 너희들 정말 무식해서 얘기 못하겠다. 하늘에 별은 말야 5개도 넘는단 말야 알았지?

우리 개가 최고

친목을 도모한답시고 최불암, 노주현, 최주봉은 저녁을 함께하기로 약속을 했다.

술도 한잔하고 기분이 좋아진 이들은 서로에게 자랑할 게 뭐 없을까 하고 머리를 굴리고 있었다.

마침 최주봉이 자기가 키우고 있는 개 자랑을 하느라 입에 침이 마르고 있었다.

최주봉 : 글쎄 글쎄, 우리개가 말야, 달걀을 사오라고 슈퍼마켓에 보냈더니 상한 달걀은 사오지 않더라구. 참 대단한 개 아닌가.

노주현 : 아 그랬나! 난 또 뭐라고. 우리 개는 말이지 담배를 사러 보냈더니 내가 좋아하는 에쎄 아이스만 정확히 알아서 사오더라구. 영리한 놈이지? 안 그런가 불암이?

기가죽은 최불암은 똥개 한 마리 키우고 있다는 얘길 할 수도 없고 하여 기세등등한 그들을 놀려주기로 마음을 먹었다.

최불암 : 개들이 참 영리하구먼. 부럽네. 우리 개는 심부름이라곤 못해서 말이야, 그래서 자네들이 물건을 사오는 그 슈퍼마켓을 경영하고 있는데 계산 하나는 잘 하더라구.

세탁기

공처가 최불암은 김혜자한테 눌려 집안일 하랴, 방송출연 하랴, 금동이 돌보랴 몸이 10개라도 모자랄 정도로 바빴다.

그러던 어느 날. 촬영이 끝나자마자 저녁반찬을 사가지고 집에 돌아온 최불암은 김혜자가 새파랗게 질린 얼굴로 뛰어나오자 무조건 빌었다.

"여보, 다신 안 그럴게 한번만 봐줘."

그런데 오히려 김혜자가 흐느끼며 말했다.

"아니에요. 글쎄 금동이가 세탁기 옆에서 장난을 치다 세탁기 안에 빠진 줄 모르고 세탁기를 돌렸어요. 어떡해요. 흐흐흑……"

얼굴에 잔뜩 주름을 잡던 최불암.

"근데, 때는 잘 빠졌어?"

야한 영화 I

단 한 번도 베드씬이 있는 영화를 못해봤던 최불암. 그는 그 콤플렉스를 잊기 위해 오늘도 몰래 미성년자 관람불가 영화를 상영하는 허름한 극장에 갔다.

그런데 한참 영화가 진해져 가는데 한 구석에서 신음소리가 나는 것이 아닌가.

극장주인 : 아니, 최불암 씨 아니십니까? 근데 거의 매일이다시피 야한 영화를 보아온 분이 겨우 이 정도에 이상한 소리까지 내시다니……

최불암 : 임마, 너도 이층에서 떨어져 봐.

야한 영화 Ⅱ

오늘은 최불암이 최진실과 같이 영화관에 갔다. 영화는 오늘도 역시 야한 영화였다. 그런데 한참 영화를 보던 최불암이 슬며시 최진실의 손을 더듬기 시작하는 것이었다.

최진실이 건수를 잡았다고 생각하고 큰소리쳤다.
"뭐하시는 거예요! 점잖지 못하게."

그러자 얼굴이 빨개진 최불암이 겸연쩍게 말했다.
"팝콘 좀 남았나 보려구."

부람맨

이미 상당히 친해진 슈퍼맨, 맹구, 그리고 우리의 최불암이 함께 길을 가고 있었다. 그런데 시계를 보니 "사랑이 뭐길래"를 방영할 시간이 아닌가.

역시 행동이 빠른 건 슈퍼맨이었다.

"슈터맨 맨 맨-" 하고 날아갔다.

그 옆의 맹구도

"빼에트맨"하고 펄럭펄럭 사라져갔다.

그럼 최불암은?

그는 한참을 생각했다. 그리고,

"태엑 시이-"

비행 청소년

최불암이 화장실에서 몰래 담배를 피던 학생을 잡았다.

최불암 : 임마, 너 거기서 뭐 했어?

학　생 : 아무것도 안 했어요.

최불암 : 뭐? 내가 분명히 봤는데 선생님에게 거짓말을 하다니. 이거 완전히 비행 청소년 아냐.

학　생 : 맞아요. 난 비행 청소년이에요.

최불암 : 맞아요? 그걸 대답이라고 하는 거야? 너 지금 반항하는 거야?

학　생 : 아니 내가 비행 청소년이라는데 뭐가 반항이라는 겁니까?

최불암 : 정말 어쩔 수 없는 녀석이군. 안 되겠어. 당장 부모님 모시고 와!

그러자 학생이 "그러죠"라고 대답하더니 창문을 열었다. 그리고는
"슈퍼맨-"
그 학생은 아버지 이름을 부르며 날아가는 것이었다.

버스에서 I

경동시장을 경유하는 버스를 운전하는 최불암은 명절이 다가오자 손님이 많아 무척 짜증스러운 하루를 보내고 있었다.

그리고 벨을 누를 생각을 도저히 하지 않는 노인들. 화가 난 최불암은 경동시장에 서지 않고 그냥 돌진해 버렸다. 그러자 뒤편에서 할머니의 앙칼진 소리가 들려왔다.

할머니 : 기사양반, 왜 차를 안 세워!

최불암 : 할머니 벨을 누르셔야죠. 왜 벨을 안 누르십니까?

할머니 : 기사양반도 참, 이 많은 벨을 언제 다 누르나……

버스에서 Ⅱ

최불암이 버스를 타고 가다가 내릴 때가 되어 벨을 눌렀다. 그런데 불은 들어오는데 소리가 안 나는 게 아닌가.

최불암은 혹 기사가 버스를 세워주지 않을까봐 걱정이 됐다. 자기 자신이 버스를 운전할 때도 벨을 누르지 않았다고 곧잘 신경질을 부리곤 했으니 말이다.

그래서 운전기사에게 다가갔다.

"아저씨, 삐이이이"

의지의 한국인

늦버람이 난 최불암이 최진실에게 청혼을 했다. 죽자 사자 따라 다니던 변진섭이 귀찮았던 최진실은 얼떨결에 승낙해버렸다.

제주도로 신혼여행을 간 두 사람은 "신혼은 아름다워"에도 특별출연하고 한라산에도 놀러갔다. 한라산 꼭대기까지 올라간 최불암이 사진을 찍어달라고 하자 최진실은 좋은 사진을 찍으려고 애썼다.

"조금 뒤로, 아니 조금만 더 뒤로."

바로 그때 그 순간. 발을 헛디딘 최불암이 그만 천 길 낭떠러지로 굴러 떨어지고 말았다. 산악구조대가 총출동했으나 최불암은 끝내 못 찾았다.

젊은 나이에 청상과부가 된 최진실. 독수공방 외로운 마음을 달랠 길 없자 옛 남자 변진섭과 결혼했다.

두 사람은 제주도로 신혼여행을 가 즐거운 시간을 보냈다. 그리고 한라산 꼭대기에도 올라갔다. 최불암이 실종된 문제의 낭떠러지에서 기념 촬영을 하는 최진실. 첫 남편 최불암이 생각나 낭떠러지 아래를 내려 보는 순간 너무 놀라 벌린 입을 다물지 못했다.

죽은 줄만 알았던 최불암이 낭떠러지 위로 기어 올라오는 것이 아닌가. 피투성이로 정상에 도착한 최불암. 최진실을 보자 하는 말.

"헉헉…… 스포츠는 살아있다."

전화 잘못 걸었어요.

용돈이 다 떨어진 금동이는 MBC탤런트실로 최불암에게 전화를 걸었다. 마침 전화를 받은 최불암이 장난을 쳤다.

금동이 : 지금 전화 받으시는 분 누구세요? 최불암 선생님 좀……

최불암 : 나 말이지, 한국 최고의 지성을 겸비한 미남인데 최불암이 누구지?

금동이 : 죄송해요. 전화 잘못 걸었나 봐요, 난 MBC인줄 알고 했는데.

전화를 내려놓은 금동이는 한숨을 쉬며 말했다.

"다른 방송국엔 MBC탤런트 실보다 더 미친 사람이 많은가봐……

목적지

도시의 밤도 어느덧 깊어가고 지방촬영을 마치고 터미널에 도착한 최불암도 집에 가기 위해 택시를 잡는다.

"어디까지 가세요?"

택시기사의 물음에 최불암은 아무말도 없이 쥐포를 흔든다. 몹시 배가고픈 모양이지.

"어디까지 모실까요?"

택시기사가 재차 묻건만 최불암은 먹다 남은 쥐포 반쪽을 자꾸 흔들어댄다.

몇번을 물어보던 택시기사는 신경질을 내며 소리친다.

"아니 어디까지 가시냐니까요?"

최불암은 쥐포 반쪽을 계속 흔들며

"아저씨는 반포도 몰라요"

중국집에서 생긴 일

최불암, 유인촌, 노사연이 중국집에 갔다.

팔보채, 탕수육, 라조기……

"뭘 먹을까?" 고민 끝에 세 사람은 결국 짜장면을 시켰다.

잠시 후 짜장면이 나와 맛있게 먹고 있는데 공교롭게 세 사람의 짜장면에서 파리가 나왔다.

이때 나타난 사람이 있으니 몰래카메라의 이경규다.

"전국에 계신 국민여러분! 안녕하십니까? 이 상황에서 세 사람의 반응을 몰래카메라에 담아봤습니다. 자 보시죠. 큐"

아! 유인촌 씨는 조용히 파리를 꺼내고 짜장면을 계속 먹는군요. 보기와는 달리 비위살이 대단합니다.

그럼 그렇지. 노사연 씨는 주인을 불러 야단을 치고 새로 짜장면을 가져오게 하는군요. 집에서는 아무렇지도 않게 먹던 사람이 괜히 깨끗한 척하네요.

과연 최불암 씨는 어떻게 할까요? 말없이 파리를 건져내는 최불암 씨, 아! 갑자기 파리 등을 '탁' 치면서 뭐라고 하네요.

과연 뭐라고 했을까요? 최불암 씨 이야기를 유성으로 직접 들어보시죠.

"야! 빨리 뱉어!"

자취생이라서

버스에 탄 최불암는 운 좋게 곧 자리에 앉았다.

'오늘의 운세에 운수대통이라더니 정말이네'라고 생각하며 빙그레 웃고 있는데 할아버지 한분이 최불암 앞으로 걸어왔다.

자리를 양보할까 말까 망설이던 최불암은 또 오늘의 운세를 떠올렸다.

'양보나 타협은 절대금물이라고 했지. 에라 모르겠다.' 최불암은 할아버지를 못 본척하고 꾸벅꾸벅 조는 시늉을 했다.

자리를 양보할 기색이 없자 화가 난 할아버지가 호통을 쳤다.

"이봐 자네는 집안에 어른도 안계시나?"

눈을 치켜 뜬 최불암은 할아버지를 빤히 쳐다보며 대꾸했다.

"전 자취생인데요."

아니 이럴 수가……

중국집에 간 최불암이 짜장면을 시키고 옆에 있는 신문을 집어 들었다.

한참 신문을 뒤적이던 최불암은 갑자기 놀란 표정을 지으며,

"아니! 이럴 수가…… 신문에……" 하고 말을 잇지 못했다.

종업원이 당황해서 물었다.

"신문에 무슨 엄청난 사건이라도 실렸습니까?

최불암 심각한 듯

"누가 만화를 찢어갔잖아!"

세일품목

부업으로 양장점을 하던 최불암이 첫 바겐세일을 단행했다. 마침 그 앞을 지나가던 40대 중반의 아줌마가 옷을 사러 양장점에 들어왔다. 한참 옷을 뒤적이던 중년여자가 빨간 원피스를 고르더니 최불암에게 물었다.

"제가 이 옷을 입으면 젊어 보일까요?"

쑥 훑어보던 최불암이 대답했다.

"예, 한 25살쯤으로 보이겠는데요."

40대 중반의 아줌마가 좋아하며 "정말 제가 그렇게 젊어 보일까요? 하고 되묻자 최불암이 하는 말.

"아, 네. 이 가게는 뭐든지 40% 세일해 드리거든요."

이발소에서

이발소에서 면도를 하던 최불암은 이발사의 실수로 두 번이나 목에 상처가 났다. 잘못을 한 이발사는 고개도 들지 못하고 잔뜩 쫄아 있는데 최불암이 심각하게 이야기를 꺼냈다.

최불암 : 여보쇼, 당장 가서 물 한 컵 가져와요.

이발사 : 아니 왜 그러십니까? 죄송합니다. 다 변상해 드리겠습니다. 참으세요, 제발.

최불암 : 뭘 참으라고 그러시오. 내 목에서 물이 새나 안 새나 보려고 그러는데.

어떤 핑계

속세에 실증을 느낀 최불암은 중이 되기로 마음을 먹었다.

포교를 위해 마을로 내려온 최불암 스님은 어느 집 울타리 안에 잇는 살찐 닭을 보자 그만 고기를 먹고 싶은 충동을 억누를 수 없었다.

그래서 닭의 목을 비틀며 털을 뽑으려고 했는데 때마침 그 옆을 지나던 노주현이 무얼 하느냐고 놀라서 물었다.

노주현 : 아니, 뭐 하시는 겁니까?

최불암 : (태연하게) 닭이 불심(佛心)이 너무나 강한 나머지 고뇌를 청산하려 입산하겠다기에 머리털을 깎아주고 있었소이다.

속이 상해서

전원일기 촬영을 마치고 최불암과 김혜자, 금동이, 유인촌, 일용 엄니 등이 양촌리에서 점심을 먹게 되었다.

점심을 먹은 후 양촌리 주민들은 수고했다며 자신들의 집에서 싸가지고 온 우유를 내놓았다.

그런데 우유 맛이 이상했다.

이집 우유 저집 우유를 먹어봐도 맛이 이상했다.

금동이 : 아버지, 우유가 모두 상한 것 같아요,

최불암 : 그래, 요즘 우루과이라운드니 뭐니 해서 소들이 속이 많이 상해 있을 거야.

머리가 나빠서

슈퍼마켓을 경영하던 최불암이 1년이 안되어 알거지가 되고 말았다. 이 소식을 들은 노주현은 그 이유를 물었다.

노주현 : 아니, 개업한 지도 얼마 되지 않았는데 어떻게 된 겁니까?

최불암 : 말마, 물건 값을 외울 때쯤 되면 다른 물건 값이 오르고 해서 도저히 장사를 할 수가 있어야지. 허허.

잠꼬대

전날 밤에 폭탄주를 마신 최불암이 사무실에서 꾸벅꾸벅 졸고 있었다. 아무리 정신을 차리려고 애써도 '스르르' 눈이 감겼다.

못마땅한 표정으로 최불암을 노려보던 과장이 마침내 버럭 고함을 질렀다.

"이봐 정신 차려!"

깜짝 놀란 최불암이 벌떡 일어나면서 하는 말.

"아니 과장님. 밤늦게 저의 집에 웬일이십니까?"

자 랑

난생처음 "트라이" 팬티를 입게 된 최불암은 너무나 좋아서 노주현에게 달려갔다.

"주현아! 보여줄게 있어. 잘 봐"

바지를 내렸다 올린 최불암이 물었다.

"봤지?"

그러나 너무 동작이 빨랐는지 노주현이 아무것도 못 봤다고 말하는 것이었다.

최불암은 다시 얼른 바지를 내렸다 올리면서 물었다.

"봤지"

노주현은 이번에도 "아니"라며 고개를 저었다.

속이 상한 최불암은 또 한 번 힘차게 바지를 내렸다. 그런데 실수로 그만 팬티까지 내리고 말았다. 그것을 아는지 모르는지 최불암이 다시 물었다.

"봤지"

노주현은 얼굴이 빨개진 채 고개만 끄떡였다.
최불암은 만족스러운 듯
"나 이런 것 집에 다섯 개나 있다."